本書をビル・ロビンソン先生に捧げます。

ビル・ロビンソン伝

キャッチ アズ
キャッチ キャン
入門

格闘技の原点
The Roots of Martial Arts
CACC　Catch-As-Catch-Can

鈴木秀樹

日貿出版社

本書の刊行にあたり頂いたメッセージ

　ヒデキ・スズキは、私にとって一緒に仕事するのが楽しく、その試合を見るのも大好きなプロレスラーの一人だが、それだけでなく、彼はビル・ロビンソンの残した"遺産"でもある。

　スズキサンはUWFスネークピットで、来る日も来る日もビル・ロビンソンの元での厳しい修行を耐え抜いた。当時、彼と一緒に練習で汗を流した日々のことを私は忘れない。ビルの元で過ごした濃密な時間の成果すべてが、スズキサンのリングでのパフォーマンスや、テクニックに表れている。

　さらに、スズキサンは長い時間をかけて、自分自身のひらめきや個性をそれらの技術につけ加えたが、それらのベースには、我々のコーチ、ビル・ロビンソンの魂があるのだ。

　彼がこの本で紹介している技術の数々は、彼が長年にわたってビル・ロビンソン、ユーコー・ミヤト（宮戸優光）、そして私のもとで学んだキャッチ アズ キャッチ キャンのものであり、それらの技術の有効性は試され、実証済みだ。それらを皆さんに楽しんでほしい。

　そしてつねに「Do it again!」

ジョシュ・バーネット

Hideki Suzuki is not only one of my favorite pro wrestlers to work and watch, but one of Billy Robinson's legacy. Suzuki-san was at the UWF Snakepit day in and say out training intensely under Billy Robinson and I remember training together with him those years ago.
All that time under Billy shows in the ring and in Suzuki-san's techniques. Over time, he has added his own sense of flair and personality to his work but at Suzuki-san's base lies the spirit of our coach: Billy Robinson.
I know that what he shows here is from his many years in training Catch-as-Catch-can under people like Billy Robinson, Yuko Miyato, and myself and that his techniques have been tried and tested.
Enjoy and always "Do it again!"

Josh Barnett

はじめに

"人間風車"ビル・ロビンソンから受け継いだキャッチ アズ キャッチ キャンを本に残す。

　そんな大それたことを自分がやれるのか？　それがこの話があった時にまず最初に頭に浮かんだことです。それはこうしてこの本が完成してもまだ自問自答しています。それほどロビンソンは私の中で偉大な人なのです。
　おかしな話に聞こえるかもしれませんが、本を作るなかで改めてこの膨大な量の技術をよく自分自身に覚えこませたなと驚きました。それを可能にしたのがロビンソンの指導法です。ロビンソンの指導は厳しいものでしたが、同時に楽しく、そして緻密であり、成功しても、失敗してもそこには必ず根拠があり、偶然性をできるだけ除外したものでした。
　ロビンソンが指導の時によく用いたフレーズが幾つかあります。
「基本は100パーセント覚える」
　学びの中で技術を覚えられなかった時には基本に立ち返ってください。そして基本を確認した後にもう一度その技術に挑戦してみてください。100パーセント覚えた基本が必ず助けてくれます。
「学び方を学びなさい」
　一つの技術を覚える、学ぶにはその技術の覚え方を学んでいる必要があります。それは基本の動きです。一見複雑に見える技術も全て基本の動きの積み重ね、組み合わせで構成されており、一つ一つの基本が技術の土台となるのです。
「技術を自分にアジャストさせる」
　皆さんと私では体格や力、感覚も違いますから、私自身がそうであったように、覚えた技術を自分が使いやすいように必ずアジャスト（調整）してください。
　他にも沢山ありましたが、まずは基礎となるこの３つを念頭に本書を読み進めてください。
　また大切なのは初めからゴールを決めて相手を動かすのではなく、相手の動きに合わせてその瞬間最適な動きを止めることなく続け、最終的にゴールさせることです。
　この本でもゴールさせること、そしてその「過程」を紹介しています。
　私は試合で派手なスープレックスを見せているので、投げることに意識を置いていると思われるかもしれませんが、なにより「過程」を重要視しています。この「過程」はとても大切で、倒すことと極めることの接着剤の役割を果たします。

　上記の３つのフレーズとこの「過程」を中心に見て頂けると幸いです。

目次

本書の刊行にあたり頂いたメッセージ　5
はじめに　7
イントロダクション　〜CACC レスリングの系譜
　　ビル・ロビンソンから鈴木秀樹へ、託された"希望"　12

第1章　基本　23

構え　32　　左前の理由　34　　構えをチェックする　35　　ステップ　36
前進、後退　36　　左右移動　37　　ピボット　38　　膝立ちピボット（回転）　39
構えのエクササイズ　40　　アヒル歩き・その場飛び　41

第2章　テイクダウン　43

テイクダウンのポイント　44　　カラーアンドエルボー　46　　首取り　48
カラーアンドエルボーでの移動　50　　カラーアンドエルボーのエクササイズ　51

- カラーアンドエルボー > オーバーフック　52
- カラーアンドエルボー > アンダーフック　53
- カラーアンドエルボー > オーバーフック > ファイヤーマンズキャリー　54
- カラーアンドエルボー > オーバーフック > サルト　56
- カラーアンドエルボー > オーバーフック > ウィザーからハンクへ　56
- カラーアンドエルボー > オーバーフック > ハイポ　58
- カラーアンドエルボー > アンダーフック > ヘッドロック　59
- カラーアンドエルボー > ヘッドロックから腰投げへ　60
- カラーアンドエルボー > 手を剥がす　62
- カラーアンドエルボー > ネックチャンスリー　63
- カラーアンドエルボー > 腕取り　65
- カラーアンドエルボー > 腕取りから足取り　66
- カラーアンドエルボー > 腕取りからアームバー　67
- カラーアンドエルボー > 腕取り > ファイヤーマンズキャリー　68
- カラーアンドエルボー > 腕取りからバックへ　70
- カラーアンドエルボー > ダックアンダー　71
- カラーアンドエルボー > シングルレッグダイブ　72
- カラーアンドエルボー > シングルレッグダイブ1　74
- カラーアンドエルボー > シングルレッグダイブ2　75
- カラーアンドエルボー > 腕取り > レッグダイブ >
- シングルレッグダイブのポイント　76
- カラーアンドエルボー > シングルレッグダイブ3　77

足を持ち上げるポイント　78
姿勢の崩れがカウンターを招く　79

- カラーアンドエルボー > シングルレッグダイブ > 足刈り　80
- カラーアンドエルボー > シングルレッグダイブ > アウトサイドレッグダイブ　81
- カラーアンドエルボー > シングルレッグダイブ > テイクダウン　82
- カラーアンドエルボー > シングルレッグダイブ > バックへ回り込む　83
- カラーアンドエルボー > シングルレッグダイブ > ダブルレッグダイブ　84

| カラーアンドエルボー > シングルレッグダイブ > ジャックナイフへの連続技　86
| カラーアンドエルボー > 腕取り > シングルレッグダイブ > アウトサイドからのシットアンドロール　88
| カラーアンドエルボー > アウトサイドシングルレッグ > ピックアップ・テイクダウン　90
| カラーアンドエルボー > シングルレッグダイブ > ヘッドロックへのカウンター　92

肩と手の位置に注意　93
シングルレッグダイブへのカウンター　94
バックスライド　98
ダブルレッグダイブへのカウンター　100

手首取り 102　　小手返し 106　　手首取りのポイント 108　　手首取りのエクササイズ　110

| 手首取り > アームドラッグ　112
| 手首取り > アームドラッグ > ロングアームスロー　114
| 手首取り > アームドラッグ > スライディング　114

| 手首取り > ダブルリストロック　116
| 手首取り > ダブルリストロック > テイクダウン1　118
| 手首取り > ダブルリストロック > テイクダウン2　118
| 手首取り > ダブルリストロック > テイクダウン3　120
| 手首取り > ダブルリストロック > グレイプバイン　120

| 手首取り > フロントヘッドロック　122
| 手首取り > フロントヘッドロック > テイクダウン1　124
| 手首取り > フロントヘッドロック > テイクダウン2　125
| 手首取り > フロントヘッドロック > テイクダウン3　126
| 手首取り > フロントヘッドロック > テイクダウン4　127
| 手首取り > フロントヘッドロック > テイクダウン5　128

| 手首取り > フロントヘッドロック > ハーフハッチ　129
| 手首取り > フロントヘッドロック > ハーフハッチからのテイクダウン1　130
| 手首取り > フロントヘッドロック > ハーフハッチからのテイクダウン2　131
| 手首取り > フロントヘッドロック > ハーフハッチからのテイクダウン2（別角度）132
| 手首取り > フロントヘッドロック > ハーフハッチからのダブルアーム　133

| 手首取り > フロントヘッドロック > ロール　134
| 手首取り > アームドラッグ > グレイプバイン　136
| 手首取り > アームドラッグ > グレイプバイン > レッグスプリット　138
| 手首取り > アームドラッグ > グレイプバイン > 卍固め　140
| 手首取り > アームドラッグ > グレイプバイン > クロスフィックス　142
| 手首取り > アームドラッグ > グレイプバイン > クロスフェイス　142

バックを取った時のポイント　144

| バック > ラテラル　145
| バック > ピックアップ　146
| バック > ダブルレッグダイブ　147
| バック > ヨーロピアンクラッチ　148

カラーアンドエルボー＞アームスロー　　150
　　カラーアンドエルボー＞前へのラテラル　152
　　カラーアンドエルボー＞オーバーフック＞タップニー　153

後ろからのクラッチ切り　154　　前からのクラッチ切り　155
ピックアップのポイント　156　　二人組でのバック取りのエクササイズ　157
一つの技に固執しない　158

第3章　ブレイクダウン　161

ブレイクダウンのポイント 162　　ディフェンスポジション　164
仰向けからディフェンスポジションへ1　頭・肩を抑えられた場合　166
仰向けからディフェンスポジションへ2　相手が背中に乗ってきた場合　168

　　ディフェンスポジションからのイーブンへ1　170
　　ディフェンスポジションからのイーブンへ2　172
　　ディフェンスポジションからのイーブンへ3　174
　　ディフェンスポジションからのイーブンへ4　四つん這いダッシュ　176
　　ディフェンスポジションからのイーブンへ5　ロングシットアウト　178
　　ディフェンスポジションからのイーブンへ6　グランビーロール　180
　　ディフェンスポジションからのイーブンへ7　足首を掴まれた際の対処①「足を蹴り出す」　182
　　ディフェンスポジションからのイーブンへ8　足首を掴まれた際の対処②「ショートシットアウト」183
　　ディフェンスポジションからのアームロール　184
　　ディフェンスポジションからのスイッチ　186
　　ディフェンスポジションからのアームバー　188
　　ディフェンスポジションからのリストロック　190
　　───リストロックからピンへの展開　192
　　───リストロックからヘッドシザースへの展開　193
　　ディフェンスポジションからのスイッチ　194
　　ディフェンスポジションからのシットアウト　196
　　───シットアウトでの注意点　198
　　ディフェンスポジションからのタップニー　199
　　ディフェンスポジションからのロングアームスイッチ　200

　　バックからのエスケープのエクササイズ　202
　　ディフェンスポジションへのアタック　204
　　ディフェンスポジションへのアタック「プッシュ」　206
　　バックからの攻撃の注意点　208
　　プッシュ（別角度）　209
　　ディフェンスポジションへのアタック「ハンマーロック」　210
　　バック＞ハンマーロック＞バックからのアームバー　212
　　バック＞ハンマーロック＞ネルソンからのピンフォール　213
　　バック＞ハンマーロック＞押さえ込み　214
　　バック＞ハンマーロック＞クロスオーバー　215
　　ディフェンスポジションへのアタック「ネルソン」　216
　　ネルソン（別角度）　218
　　ネルソンの変化1「ロール」　219
　　ネルソンの変化2「逆サイドのネルソン」220

ネルソンの変化3　　222
ディフェンスポジションへのアタック「クロスフェイス」　224
クロスフェイスのポイント　　225
バック > クロスフェイス > ピンフォール　226
バック > クロスフェイス > クレイドル　227
ディフェンスポジションへのアタック「足のリフトアップ」　228
バック > 足のリフトアップ > ジャックナイフ　　230
バック > 足のリフトアップ > ネックロック　　231
バック > 足のリフトアップ > トゥーホールド　　231
バック > 足のリフトアップ > 膝十字　　232
バック > レッグロック　233
バック > ふくらはぎ潰し　　234
バック > 足首でのロール　　235
バック > 相手が立とうとしたところをバックラテラル　　236
ディフェンスポジションへのアタック「ライド」　238
バック > ライド > 腕を払ってうつ伏せに　239
バック > ライド > うつ伏せ > ネルソン　240
バック > ライド > うつ伏せ > クロスフェイス1　　241
バック > ライド > うつ伏せ > クロスフェイス2　　241
バック > ライド > クロスフィックス　　242
バック > サイドライド　　244
バック > サイドライド > レッグスプリット・ハーフボストン・足首固め　　246
バック > サイドライド > レッグスプリット > 変形足首固め　248
バック > サイドライド > フィギュアフォー　　249
バック > サイド > サイドライドに入れない場合　250
バック > サイド > レッグロック > テキサスクローバーホールド　　252
バック > サイド > レッグロック > 弓矢固め　　253
ディフェンスポジションの前からの「がぶり」　254
がぶりからバックへ　255
がぶりからのロール　256
フロント > ハーフハッチ　　257
フロント > 後転からのピンフォール　　258
フロント > ハーフハッチの変化からのピンフォール　260
フロント > クロスフェイス　　262
フロント > スイッチ　263

ピンフォール各種　264

第4章　スープレックス　267

スープレックスのポイント　268
ボディースラム　270　　フロントスープレックス　272
サイドスープレックス　274　　ジャーマンスープレックス　276
バックドロップ　278　　ワンハンドバックブリーカー　280
ダブルアームスープレックス　282

おわりに　282

イントロダクション　〜CACCレスリングの系譜

ビル・ロビンソンから鈴木秀樹へ、託された"希望"

不思議な縁

　鈴木秀樹の右目は視力がほぼない。これは事故や病気が原因のモノではなく、どうやら先天的なモノであるらしい。
　プロレス界屈指の長身（191センチ）とバランスの取れた体躯（115キロ）と運動センスを誇る鈴木のことだ。少年時代からさまざまなスポーツで活躍していたことを想像しがちだ。ところが鈴木の運動経験らしきものは小学生時代に故郷・札幌の厚別区民体育館で数年、柔道を習っていた程度。あとは野球、バレーボール、バスケットボール、卓球とさまざまな運動部から熱烈な勧誘を受けるも、それらを徹底的に拒否。上京後に郵便局員として都内に勤務していた頃、友人の誘いで英国伝統のＣＡＣＣ（キャッチ アズ キャッチ キャン）を国内で唯一、指導する「U.W.F.スネークピットジャパン」（宮戸優光氏主宰）に入門するまで、これといった運動経験がなかったのである。
　鈴木が本格的にスポーツに取り組まなかった理由として「右目が見えない」というのは、やはり大きな理由になっていた。

「まったく見えないわけでもないんです。目の前にいる人の形ぐらいは認識できるけれども、顔は全然分からない状態ですね。うっすらと色が分かる程度。左目の視力は子どもの頃からずっと２．０で、最近測った時には１．５でした。実際、右目の件があったから、子どもの頃からスポーツに手を出さなかったというのはあります。特に球技なんかは致命的。距離感がつかめないわけですから。小学校の休み時間、ドッジボールで遊んでいても、目の前に急にボールが飛び出してくる感じ。だからスポーツって嫌だな……と。目が疲れちゃうんですよ」（鈴木秀樹談）

　スネークピットに入門して１年ばかりが過ぎた頃、鈴木はヘッドコーチのビル・ロビンソンと雑談中、自身の右目が見えていないことを告白する。するとロビンソンは事もなげに「ああそうか。オレも右目は見えていないけど、レスリングはできるよ」と言い放った。その一言で鈴木は「ああ、僕にもレスリングができる。このままレスリングを続けていけるかも知れない」と、ようやく確信を持てたという。鈴木もまた、この言葉を聞くまで師・ロビンソンの右目から視力が失われていることを知らなかったという。
　ロビンソンは13歳の時、友人が投げたブリキの円盤が右眼球をこするという不幸な事故に

よって右目の視力を失い、有名なプロボクサーだった父・ハーリーに続いて、ボクサーになるという夢を断念した過去がある。そしてレスリング、特にＣＡＣＣスタイルに没頭することになる。

　ともに右目が見えないという「負の共通項」を持つ師弟。歴史にifは禁物だが、仮に鈴木の右目が健康に見えていたら……？　天性の肉体的資質に恵まれていた鈴木は、学生時代に他のスポーツに流れ、そこで開花を遂げていた可能性が高い。そしてＣＡＣＣと出会うこともなく、ロビンソンから技術を伝授されることもなかったと。

　偶然か、それともすべては必然なのか？　もう一つの奇遇な縁がある。
　現在も鈴木が「ロビンソン直伝の必殺技」として大切に使い続けている技術にダブルアーム・スープレックス（人間風車）がある。言うまでもなく人間風車はロビンソンの代名詞。初来日（1968年４月）でこの技を初披露して以来、ロビンソンは「反則をしないガイジン」として人気を博し、当時、日本人スター選手不在に苦しんでいた国際プロレスで初の外国人エースに君臨する。ＣＡＣＣの確かな技術をベースとした、そのテクニックは当時の日本プロレス界で抜きん出ていた。細かいレスリングテクニック、関節技など理解するはずもないテレビの前の視聴者にも画面映えする「わかりやすい技術」としてダブルアーム・スープレックスが果たした功績は絶大。昭和40年代中盤、ＴＢＳのスポーツ中継において、ロビンソンはキックボクシングブームを牽引していたキックの鬼・沢村忠と並ぶ看板スターだった。

"人間風車"の系譜

　人間風車はロビンソンのオリジナルではない。ロビンソンより、さらに上の世代に、元グレコローマンの欧州王者だったギディオン・ギダ（ハンガリー）という名選手がいた。ギダとはプロボクサーからプロレスラーに転向して活躍していた伯父・アルフの紹介で知り合っていた。当時、ロビンソンがＣＡＣＣを学んだウィガンのビリー・ライレー・ジムには、ブリッジを使ったスープレックスという技術はなかった。ロビンソンはプロ・レスリングに応用できる技術としてギダからスープレックス伝授を熱望した。

　ある日、ギダが手にしていたオリンピックの記録本を眺めていると、なんとも目を引く華麗なるスープレックスの写真が掲載されていた。その技こそが後にロビンソンが代名詞とする人間風車、ダブルアーム・スープレックスだった。ロビンソンが「これは一体、誰なんだ？」と問うと、ギダは「そいつはウルフギャング・ブービーアールという選手だ。オレの知り合いだから紹介してやろうか？」と言う。ロビンソンは即決でギダとともにブービーアールが在住するドイツ・ミュンヘンを訪れ、人間風車の伝授を申し出たという。

ブービーアールの本名はウルフギャング・アール（Wolfgang Ehrl）。レスリングのドイツ代表選手として活躍し、1932年の米ロサンゼルス五輪ではグレコ61キロ級で銀メダル獲得。そしてナチス政権下で開催された1936年ベルリン五輪ではフリースタイルの66キロ級で銀メダル獲得と、両スタイルで五輪メダリストに君臨した珍しい経歴を持つ強豪だ。ロビンソンはそのブービーアールに弟子入りすることで、後の代名詞を手にしたのだった。
　面白いのは、そのブービーアールの本職が、プロレスデビュー前の鈴木と同じく郵便局員だったことだ。ロビンソンは後年、郵便局員として働く鈴木に人間風車を伝授しつつ「オレがダブルアームを教わったブービーアールって奴の職業はポストマンだった。オレはポストマンに教わったモノをポストマンに返してやるんだよ」と、ウインクしつつ笑っていたという。

レスリングの歴史

　レスリングとは2本の腕と2本の足、人間の四肢をフル稼働させつつ闘う競技である。細かなルールの差異はあれど、人体のフォルム、デザインに変化でも起きない限り、その基本は変わらない。よってレスリングの歴史は文明の起源とイコールの関係にある。その国家や地域の歴史、民俗性、宗教などによって違いはあるが、基本的には「武器を使わずに1対1で闘う競技」がレスリングと定義される。よって北極や南極など、もともと人類が生息していない地域を除けば国や地域、民族の数だけレスリングがある。
「レスリング」と呼称されていないモノでも、リジ（スイス）、サンボ（旧ソビエト連邦各国）、グリマ（アイスランド）、コシティ（イラン）、パラワン（アフガニスタン）、ジュアイジャオ（中国）、リュット（フランス）、相撲、柔道（日本）などがある。その他、朝鮮半島にも太平洋の孤島にも、レスリングに近い格闘技は存在している。
　そして現在、最もメジャーなレスリングと呼べるのが近代五輪競技に採用されたグレコローマンスタイルとフリースタイル、そしてショーアップが進み、違ったベクトルで枝分かれの進化を遂げたのが、米国とメキシコ、日本の3国で高い人気を保ち続ける、観客を楽しませることを目的としたプロ・レスリングだ。英国発祥のCACCは、アマのフリースタイルとプロ・レスリングの発展に大きな影響を与えている。フリースタイルとプロレスの礎となりつつ、その源であるCACCが、皮肉にも現代から失われつつあるのが現状だ。
　レスリングの長き歴史を語るためには古代ギリシャ、ローマの時代にまでさかのぼる必要がある。1938年に世界的考古学者・スパイザー博士（ペンシルバニア大学東洋研究室）がメソポタミアの古墳発掘中、現在のイラク・バグダッド付近で鋳銅製のレスリング像を発掘。すでに地球上から姿を消したシュメール人（スメリア人）によって作られたと伝わるこの像は少なくとも5000年以上前の物であり、考古学上、最古のレスリング像とされる。地上に露

出する物としては、ナイル河畔のベニノッサンの古代墓壁に刻まれたレスリング群像がある。これにはタックルや投げ技だけでなく、リストロックやレッグロック、ネックブリーカーといった関節技も表現されており、約3000年前、紀元前1000年頃のレスリング事情を伝える貴重な資料となっている。

　レスリングは奴隷同士を死ぬまで競わせた古代パンクラチオンを起源としたのか、あるいは神への献上を目的とする奉納相撲のような神事が起源となるのか？　諸説が混在。ギリシャ人のためにレスリング規制（ルール）を最初に定めたのはアテネ王・エイゲウスの子であるセシウス（紀元前900年頃の人物）であるとされ、ローマ時代となりギリシャ人が行なっていた初期のレスリングに、自分たちの美意識に則った独自の格闘技術を加えてルール整備したものが、現在のグレコローマンスタイルであると言われる。あえて下半身の攻防を禁じたグレコローマンでは、筋骨隆々とした上半身のパワーが要求され、豊富な投げ技も可能となったため、闘いの中に芸術性を求めるローマ人たちに人気となる。戦争の模擬から美をも追求する競技として発展したグレコローマンは第18回の古代オリンピックから正式種目となった。

　時は流れ、欧州で発展したグレコローマンは英国へと輸入される。数百年後には英ランカシャー地方で「全身どこを使ってもＯＫ」というＣＡＣＣが誕生する。その前に、18世紀の欧州でレスリングが大いなる発展を遂げ、やがて1896年からギリシャ・アテネでスタートする第1回の近代オリンピックから正式種目として採用されることになった経緯を説明しておきたい。

　近代レスリングの大きな転機となったのは、ルソーの「自然に還れ」という思想に強い影響を受けた教育者、ヨハン・ベルンハルト・バゼドウ（1724～1790）が1774年、ドイツ・デッサウの地に汎愛学校を設立したことにある。その学校で体育教材として採用されたのがレスリングだった。汎愛学校にてバゼドウの薫陶を受けたザルツマンが1784年にシュネッペンタールの地に新たな汎愛学校を設立。この新設校で体育教師を務めていたのが、後に「近代体育の祖父」と呼ばれるグーツ・ムーツだった。ザルツマンの教育論に強い影響を受けたムーツは、欧州全体がフランス革命に揺れていた1793年に体育指導書『青少年のための体操』を上梓する。

　グーツはその著書に「正しく処理され、適度に行われるレスリングは、運動を通して皮膚全体が鍛えられる。すべての筋肉は緊張し、胸は熱くなり、体液の循環は促進され、効果は全身に及ぶ。もし、私たちが子どもの精神や忍耐や毅然さを、勇気で武装しようとするならば、レスリング以上に適した運動はないだろう」と記した。

　ムーツ著による『青少年のための体操』はアメリカ、フランス、イギリス、オランダ、デンマークなど多くの国で翻訳出版され、各国の教育に大きな影響を与えることになる。市民権を得たレスリングは、欧州各国の植民地活動とともに、さらに世界的な競技として普及。やがて19世紀後半にスタートする近代五輪の種目化へと確固たる地盤を築いていったのだった。

CACCの誕生

　話を英国に戻そう。結論から言うと、英国人は欧州各地域でスタンダード化していたグレコローマンをそのまま素直に受け入れることはなかった。七つの海を支配した大英帝国のプライドか、独特な英国人気質なのか？　騎士道精神が根付く英国人が考案したのが、騎士たちの武芸として極めて実戦的な、全身を使ってもよいどころか、手首や足首への関節技までも許容した「何でもありのレスリング」ＣＡＣＣだった。サッカーもラグビーも、アマチュアスポーツという概念も英国発のモノだが、この経緯はサッカーのプレイ中に、ついついボールを手に持って走ったことが起源という、ラグビー誕生の俗説にもよく似る。

　当時の英国には、グレコローマンの他に「カンバーランド・ウエストモーランド・スタイル」（スコットランドの山岳地帯で盛んになった互いにクラッチした状態でスタートするレスリング）、「コーニッシュ・スタイル」（上半身にジャケットを着用する日本の柔道に似たレスリング）、「デボンジャー・スタイル」（英国南西部のデボンで古くからあるスタイル。組み合う過程で相手の下半身を蹴ることが認められる）などが人気だったが、もっともシンプルでピンフォールの他に、サブミッションホールドで相手を屈服させる分かりやすさが受けたＣＡＣＣが「ランカシャー・スタイル」として人気になった。制約が少ない「新時代のレスリング」として、ＣＡＣＣは欧州全土のみならず、17世紀後半には新大陸アメリカにも普及していった。現在も欧州の各国でレスリングやプロレスを総称して「キャッチ」と呼ばれる所以である。
　英国産の新興レスリングとして普及していったＣＡＣＣは、近代オリンピックの誕生と、カーニバルの見世物として急速に発展したプロ・レスリングのベースとして、19世紀後半から大きな役割をも果たす。

　まずアマチュアスポーツの頂点であるオリンピックにおいて、ＣＡＣＣは現在主流のフリースタイルの原型となる。ごく短い開催期間で各国から参加の大人数の中から優勝者を決める必要がある五輪のような大イベントでは、短い試合時間では優劣がつかず、しかも関節技によって競技者が負傷する危険が高いＣＡＣＣは、そのままでは採用しづらいモノとなっていた。そこで全身どこを使ってもＯＫという自由さを残し、試合時間を短くまとめ、技ごとにポイントを定めることで優劣を付け、短時間で勝敗を決することができるフリースタイルが考案され、現在に至っている。ＣＡＣＣの持つ関節技、細かい技術は五輪の競技進行上の都合で割愛せざるを得ないモノとなっていった。
　今も昔も五輪開催のたびに「なんでレスリングにはフリースタイルとグレコローマンと、2つも種類があるのか？」という質問が飛び交うが、古代から続く伝統のグレコローマンと、近代の英国発祥のフリースタイル誕生までの「ミッシングリンク」としてＣＡＣＣが存在し

ていたことになる。

プロレスとCACC

　一方、レスリングの「もう一つの両輪」となるプロレスの世界でも、ＣＡＣＣの果たした役割は大きかった。米国におけるプロレスは南北戦争後の平和ムードが漂う1870年代後半から人気となっていた。当時のプロレスは野天や天幕が張られた小屋での興行こそが主流。多くの人々が集まるカーニバルの期間中を狙って、その地で興行を行い、多くの人を集める手法で人気を集めた。ＣＡＣＣだけではなく興行や試合によって「グレコローマン」「カラー・アンド・エルボースタイル」、お互いに柔道着のようなモノを着て闘う「ジュージュツ・スタイル」までが存在し、また各地で血の気の多い、腕自慢、荒くれ者たちの飛び入り挑戦を受けることも珍しくはなかったという。

　結局はもっともシンプルなＣＡＣＣの人気が高く、近代プロレスの源となっていく。特に「アメリカン・プロレスの父」と呼ばれるマーチン"ファーマー"バーンズが19世紀後半にイヴァン・ルイスからＣＡＣＣ王座を獲得したことで「認定された王座を軸にストーリーが展開する」という興行スポーツとしての骨格が出来上がった点も大きい。そしてバーンズの弟子にあたるフランク・ゴッチが1908年4月3日、イリノイ州シカゴで"ロシアのライオン"ジョージ・ハッケンシュミットとの123分にもわたる激闘をトーホールドで制し、初代の世界ヘビー級王者を名乗ったことにより、ＣＡＣＣをベースとしたプロレスは、現代へと続く興行スポーツとしての体裁を急速に整えていく。

ビリー・ライレー・ジム

　本家の英国でも、また違った経緯でＣＡＣＣはプロ興行として勢いをつけていく。炭鉱業の中心地であったマンチェスター地方において「賭けＣＡＣＣ」は炭鉱夫らブルーカラー層の娯楽として大人気に。18世紀末にはすでにマンチェスターでの定期興行まで記録されており、現在のプロレス興行の形の礎となった。そんな中、1896年に生まれたビリー・ライレーは1920年代後半より英国ミドル級王者として活躍。ライレーは大戦後の1948年6月、52歳の時にウィガンに「ビリー・ライレー・ジム」をオープン。後進の育成に情熱を注いだ。特に同ジム出身で日本プロレス界にも大きな影響を与えたＣＡＣＣ出身の二大巨頭であるカール・ゴッチとロビンソンの両名が「彼こそ最強の男だった」と口を揃えるビリー・ジョイスは、同ジム出身で初の大英帝国ヘビー級王者に君臨して英国内で一時代を築いた。

　不幸な事故により13歳で右目の視力を失い、ボクシングの道を諦めたロビンソンが、父の

紹介でライレー・ジムに入門したのは15歳のとき。余談となるが、ベルギーにおけるプロレス興行で若き日のゴッチ（当時はカール・イスタス）と知り合い、ライレー・ジムを紹介したのがロビンソンの伯父のアルフだったのも不思議な縁だ。ロビンソン少年は10歳の時にベルギーから英国へと渡ってきたゴッチと出会っているという。

　ライレーの指導と、群雄割拠ともいえるライレー・ジムの強豪たちに揉まれ続けたロビンソンはＣＡＣＣで非凡な才能を発揮し、最強の兄弟子に追いつけ追い越せとテクニックを磨く。当時のライレー・ジムは時間に不規則な炭鉱労働者が集っていたため、24時間オープン体制だったという。月謝はあったが安く、道場運営費はライレーがプロモートするプロレス興行で稼いだ資金で賄われていたという。また国外では「スネークピット」「蛇の穴」と称されているが、英国内ではこのように呼ばれていた時期はなく、おそらく米国のプロレス雑誌による命名ではないか？　との説が濃厚だ。

「先生からビリー・ジョイスの話はよく聞かされました。「とにかく強かった」と。背は180センチぐらいでヒョロヒョロしていたけど、手足が異常に長くて、とにかく脱力した感じで、達人的な技術を持っていたらしい。カール・ゴッチさんも初めてウィガンにやって来た時に、ジョイスとスパーリングして極められまくったらしいですね。まだ子どもだった先生はそれを間近で見ていたそうです。先生は基本、あまり他人を誉めない人でしたが、ビリー・ジョイスに関しては、やっぱり別格だったみたい。後に先生がジョイスに初めて勝利して大英帝国ヘビー級王者になるんですけど、その時、先生が28歳で、ジョイスは50歳近かったらしい。"歳の差があるからね……"と謙虚に語っていましたよ」（鈴木秀樹談）

　英国屈指の実力者ながら、極端に海外遠征を嫌ったジョイスは英国内のみでの活動にこだわった。ジョイス越えを常に目標としていたロビンソンは対照的に積極的に海外遠征することで、世界各国の強豪と闘い、幅広いレスリング技術を吸収していく。初海外となったスペインを始め、ドイツ、オーストリア、フランス、イタリア、スイス、インド、ネパール、レバノン、米国、リビア、エジプト、南米各国にまで遠征してレスリングの幅を広げた。そしてジョイスに初勝利した翌年となる1968年4月1日、国際プロレスの招聘によりアンカレッジ経由の日航機で初めて日本の土を踏む。

ロビンソン来日と蒔かれた"種"

　ロビンソンは4月3日、国際プロレス「日英チャンピオン決戦シリーズ」の開幕戦、横浜スカイ体育館大会（横浜駅東口、現在の横浜そごうやＹ－ＣＡＴ付近に存在した）で日本デ

ビュー。当時の日本プロレス界では全く見ることのできなかったＣＡＣＣ仕込みの華麗なテクニックで国際プロのホープ・木村政雄（後のラッシャー木村）を寄せ付けず、最後は7分37秒、鋭い角度のダブルアーム・スープレックスからの体固めで圧勝している。日本における人間風車初披露の地は、文明開化の地・横浜だった。

　力道山の招聘で1961年に初来日しているゴッチが日本プロレスのコーチに就任すれば、ロビンソンも68年11月から翌69年5月まで妻子とともに東京・渋谷のマンションに住み、試合だけでなく、コーチとして国際プロレス勢を指導。英国からはるか離れた極東の地、日本にＣＡＣＣの種を蒔いたのだった。

　レスリング技術の伝承とは、例えは悪いが、どこか病原菌の伝染、拡散にも酷似している。本人たちの意思とは関係なく、伝えたい場所には伝わらず、その技術に対して先入観や偏見……つまり免疫を持たぬ人々が住む、思わぬ土地でこそ、ひっそりと伝承されていたりすることが多い。そして技術は人から人へと受け継がれ、全世界へと拡散していく。

　ちょうど明治期から数々の柔術流派を吸収して形成された講道館柔道が、さらなる海外普及のために五輪種目となり、その引き換えとして時間制限に追われてゲーム性を重視せざるを得なくなり、本来の目的である武術性をそぎ落としていかねばならなくなったのと同じだ。現代柔道から失われていたテクニックが、地球の裏側で「ブラジリアン柔術」として伝承されていたかのように。

　英国の地で「自由なる新興レスリング」として誕生したＣＡＣＣだが、アマチュアの世界では競技進行と危険性排除の問題からフリースタイルの原型となることで姿を消し、プロレスの世界ではテレビジョンの普及とともに、画面上でも映える、派手で立体的な技術が好まれていく風潮のなかで、徐々に姿を消し（その意味では、かなり早い段階でライレー・ジムでは教わらなかった立体的な人間風車を取り入れようとしたロビンソンは、プロとしても先見の明があった）、今や秘伝の技術となってしまった。

You are my hope.

　そんなＣＡＣＣの技術が、プロレスに関して、米国とはまた違った進化の過程を遂げた日本において伝承されたというのも興味深い。1984年、まずゴッチの愛弟子であった藤原喜明、佐山聡（初代タイガーマスク）、前田日明、高田延彦らによるＵ．Ｗ．Ｆ．ムーブメントが起きる。それは、当時のプロレスでは軽視されがちだった地味な関節技等にもファンの注目を集めさせ、プロ・レスリング再考を促すルネッサンス運動のようなものだった。Ｕ．Ｗ．Ｆ．ムーブメントは幾度にもわたる団体分裂を経て、やがて修斗やパンクラスといった総合格闘技を

産みだしていくことに。そして佐山聡、前田日明、高田延彦らのもとでプロレス修行し、やがてブレーンとなった宮戸優光氏が、現役引退後の1999年、ＣＡＣＣの継承を求めて東京・高円寺に「Ｕ．Ｗ．Ｆ．スネークピットジャパン」を開設。Ｕ．Ｗ．Ｆ．インターナショナル時代から親交が深かった宮戸氏の要請を受け、ロビンソンが米国から高円寺へと移住しヘッドコーチに就任する。

　そして2004年、友人の誘いでふらりとこのジムに入門してきたのが、当時、郵便局員だった鈴木秀樹だった。ロビンソンに素質を見出され、徹底指導を受けた鈴木は、やがてアントニオ猪木率いるＩＧＦでプロレスラーとしてデビュー。日本人屈指の大型選手、そして現代プロレス界で失われつつあったＣＡＣＣの技術をもって、台頭するのに時間はかからなかった。冒頭に書いた右目の視力が失われたエピソードから始まり、幾多の物語のパーツのうち、その一つでも欠けていたら、この書も存在しない。いくつもの偶然が重なり、ＣＡＣＣの技術はロビンソンから現役プロレスラーである鈴木秀樹、総合格闘技の世界では鈴木と同様、格闘技未経験のままスネークピットに入門し、ロビンソンの指導により、パンクラスの初代バンタム級王者となった井上学らに伝承されたのだった。

「やっぱりジム生の中でも身体が大きいから、僕がよく技の実験台になっていましたけど、先生から直接、褒められた記憶はありません。ただ、デビュー戦（2008年11月24日、ＩＧＦ愛知県体育館大会＝ｖｓ金原弘光）の後、かなり宮戸さんに叱られて、打ち上げ後にもふてくされていた時に、ちょうど先生が来たんで、試合の感想を求めたら"良かったよ"なんて言うから"ウソだ！"と問い詰めたんです（笑）。そうしたら"フジナミ（藤波辰爾）やサヤマ（佐山聡）の試合、動きをよく見てみろ。観客が何を求めているのか？が分かるだろう"とアドバイスを頂きました。たしかにお二人とも、カール・ゴッチさんの弟子ですが、佐山さんは欧州のレスリングにメキシコ流とキックを混ぜたイメージだし、ＣＡＣＣの視点で見ても藤波さんの持つ技術量は凄い。で、その後に先生が"You are my hope."って言って下さったんですよ。その後に続いた言葉は"だから辞めるなよ"でした。要はデビュー戦を終えて、ふてくされていた僕を慰めてくれたんです。先生はその後、井上さんがパンクラス王者になった（2008年12月）のを見届けたのを最後にアメリカに帰られました。あの言葉があったから、僕は今もプロレスラーとして活動していけるのだと思っています」（鈴木秀樹談）

　ＣＡＣＣ発祥の地・英国で生まれ、全世界を渡り歩いた稀代の名レスラー、ビル・ロビンソンの「hope」は鈴木秀樹に託され、さらに次世代へ伝承されようとしている。

（文・高木圭介）

2008年11月 プロデビューを控えた著者（当時28歳）とロビンソン先生。

【参考文献一覧】
『CENT ANS DE LUTTE OLYMPIQUE ONE HUNDRED YEARS OF OLYMPIC WRESTLING』（FILA＝国際レスリング連盟配布、1996年）
『講談社スポーツシリーズ　レスリング』（笹原正三著、講談社＝昭和53年）
『栄光へのレスリング』（日本体育大学レスリング研究会著、講談社＝昭和59年）
『格闘技バイブル』（松浪健四郎著、ベースボール・マガジン社＝昭和63年）
『レスリング』（沼尻直著、一橋出版＝平成元年）
『プロレス全書』（東京スポーツ新聞社＝平成7年）
『高円寺のレスリング・マスター　人間風車　ビル・ロビンソン自伝』（ビル・ロビンソン著、エンターブレイン＝平成16年）
『"人間風車"ビル・ロビンソン直伝　プロレスの教科書』（U.W.F.スネークピットジャパン監修、ベースボール・マガジン社＝平成28年）

第1章
基本

- 本書のポイント
- CACCの攻防の流れ
- 基本のポイント
- ステップなど

本書のポイント

ロビンソンから受け継いだCACCについて

　私は師匠、ビル・ロビンソンからCACCの技術や哲学など、多くのことを学びました。でも全てを受け継いだとはとても言えませんし、そんな人はこの世のどこにもいないでしょう。なぜならロビンソンの知恵はあまりに膨大でとても受け止めきれるものではないからです。またロビンソンは生徒一人ひとりの体格や性格に合わせて教え方を大きく変えていました。「プロだから特別なことを教えよう」といったことは一切なく、私や先輩の井上学のようなプロ選手にも、プロレスファンの一般会員や女性に対しても全く同じように、それぞれに見合った技術を手渡していたのです。ですからロビンソンを招聘したスネークピットジャパンの宮戸優光代表や元パンクラスチャンピオン井上学選手はもちろん、ロビンソンに学んだ他の生徒も全てが異なるCACCを継承しているはずです。

　ロビンソン自身もまた、その師ビリー・ライレーから同じように学んでいたようですし、プロとして戦う中でも次々と新たな技術を学び、自らのCACCをカスタマイズしていきました。ロビンソンが「人間風車」と呼ばれるゆえんとなった、ダブルアーム・スープレックスがその代表格ですし、ダニー・ホッジやルー・テーズといったアメリカのレスラーからも大きな影響を受けたことでしょう。ですからロビンソンが教えたのも、私が学んだのも、そして私が試合で使っているものも、かつてランカシャー地方で行われていたCACCと全く同じものかと問われれば、「違う」と言わざるを得ません。
　でもこれこそが本来のCACCのあり方だと思うのです。

　なぜならCACCとは固定化した技術体系ではありません。時代や環境、ルール、使う人の個性によって臨機応変に変化する「生き物」です。だから違って当たり前なのです。大事なのはテクニックをただ丸暗記するのではなく（もちろんこれも大事ですが）、その背後にあるCACCのコンセプトを理解し、自分なりに使いこなしていくことです。そのコンセプトさえ踏襲されていれば、うわべは変わってもCACCは成立させることができます。だからこそ総合格闘技の井上学やプロレスでの私のように、全く異なるルールでも使うことができるのです。

本書の使い方

　本書にざっと目を通して頂ければ分かる通り、それほど珍しい技ばかりが並んでいるわけではありません。アマレスやプロレス、グラップリングなど他の格闘技と重複するものも見られることでしょう。人体の構造は共通しているので、どんな格闘技であれ効率良く相手を制しようとしたら同じような形になるのは至極当然です。しかしCACCの独自性はこうしたテクニックそのものにあるわけではありません。テクニックを点とするなら、点と点をつなぐ線こそがCACCオリジナルのコンセプトなのです。本書もまたこのコンセプトに沿って構成されています。ですから本書をお読み頂くにあたって、まずはこのコンセプトを軽く頭の中に入れておいて頂くことをお勧めします。そうすることで、一連のテクニックが単なる技術の羅列ではなく、一貫性のある体系として見えてくるはずです。その方がCACCを理解する近道になることでしょう。

CACCのコンセプト

　ロビンソンから学んだCACCのコンセプトを私なりにまとめると、次のようになります。

・ピンフォールとサブミッションフォール
　関節技のイメージが強いCACCですが、あくまでも目指すゴールは、相手の両肩をつける「ピンフォール」である、ということです。相手に「参った」をさせる「サブミッションフォール」もありますが、これはあくまでもオプション的な選択肢です。結果的にサブミッションフォールになることはあっても、最初からサブミッションフォールを目指して試合運びをすることは基本的にありません。ですから、全ての技術はピンフォールのためにあると言ってもよいでしょう。

・テイクダウン→ブレイクダウン→フォール
　立って構えた相手を倒し、両肩をつけるところまでが勝負です。ロビンソンはその間のプロセスをとても重要視していました。これは「テイクダウン→ブレイクダウン→フォール」の3ステップに分けることができます。「テイクダウン」は立った相手を倒すところまで。ここには四つん這いにさせたり尻餅をつかせたり、膝をつかせたりといったことの全てが含ま

れます。こうして体勢を崩した相手を仰向けにし、両肩をつけてピンフォールを奪うまでが「ブレイクダウン」です。ロビンソンが特に重視したのが、ブレイクダウンです。たとえ女性会員や子供相手にスパーリングをしている時でも、この過程をおろそかにするとすぐに叱られたものです。もちろんテイクダウンから直接ピンフォールを奪うケースもありますが、基本的にはこの手順に沿って試合を運びます。本書ではオフェンス側の視点に立ち、この3ステップを順に追う形で構成されています。

・イーブンに戻す
　オフェンス側は相手を倒し、押さえ込んでいくことで自分にとって有利な状況に相手を追い込んでいきます。これに対してディフェンス側は、不利な状況をまず「イーブンに戻す」ことを目指します。例えば3：7で不利な状況であれば、いきなり7：3にひっくり返そうとするのではなく、まず確実に5：5に戻るようにするのです。その過程でほぼ必ずといっていいほど、経由するのがディフェンス・ポジションです。立って相手に向き合って初めて、イーブンに戻したと言えます。そのためにはまず立ち上がらなくてはなりませんが、その準備としてディフェンス・ポジションが不可欠なのです。ですから当然、ディフェンス・ポジションでの攻防が発達します。だからこそロビンソンはテイクダウンの後の段階であるブレイクダウンを重視したのです。

・Make reaction、Depends on him.（リアクションさせろ。相手に応じろ）
　書籍でCACCを紹介する都合上、自分から技を仕掛けるような説明になりますが、実際にはなんらかの技を狙って仕掛けにいくことはありません。こちらがアタックをすれば、必ず相手はリアクションをしてきます。アタックがそのまま成功すればよいのですが、多くの場合は防がれます。こうした時、相手が防ぐためにとった行動、つまりリアクションを利用して自分の展開を変化させるのです。そこで再び相手がリアクションをしてくれば、再びそのリアクションを用いて相手を追い込み続け、結果的にピンフォールになるよう試合を進めます。ですから最終的にどのようなフォールになるかは、やっている本人も最後まで分かりません。そうした意味でロビンソンは「Make reaction（リアクションさせろ）」、「Depends on him（相手に応じろ）」としばしばアドバイスしていました。ですから普段の練習では、相手がどんな対応をしてきても応じられるように技の引き出しを増やしていくのです。

・コントロール
　相手に応じるといっても、完全に後手にまわるわけではありません。ロビンソンが同時に求めていたのが「コントロール」です。これは相手がするであろうリアクションを全て想定し、その全てに対して対応策を持っている状態、と言えます。自分の想定の範囲内に常に相手を置いておくのです。そうすればいくつかの選択肢を提示し、そのうちのどれかを選ばせることもできます。そうやって徐々に相手をコントロールし続ければ、相手は逃れようとしてミスを犯し、体力を消耗していきます。こうして８：２くらいで自分が有利な状況に相手を追い込んでから、確実に仕留めるのです。こうした考え方が根底にあるのは、６０分一本勝負の試合が普通に行われていた昭和プロレスのように、CACCが長時間の試合を前提としていることが挙げられるでしょう。ロビンソンの試合は最長で２時間半にも及んだそうです。こうした中で勝利を収めるためには確実なコントロールと、体力を浪費しない無駄のない動き、そして相手を消耗させる技術が必要になるのです。

・動き続ける
　相手に応じて頭も体も常に動かし続けます。もし一つの技が不発に終わったらそれに拘ることなく、すぐに次から次へと繰り出していくのです。するとどれか一つはうまくいくでしょうし、たとえ全ての技が防がれたとしても、なおも動き続ければいずれ相手は疲れてミスを連発するようになります。もし止まってしまえば相手が自分のコントロール下から脱して、反撃の機会を与えてしまうでしょう。その意味では最もロビンソンの教えを体現していると思うのは、パンクラス王者の井上学です。とにかくしつこくしつこく、動き続けて技を繰り出し続けていくので、相手の体力が尽きて心が折れてしまうのです。

技の名称について

　本書では基本的にロビンソンが用いていた呼称を用いてテクニックを紹介しています。しかしロビンソンの指導は常に動きの流れとして行われ、一つ一つのテクニックを区切って教えることはありませんでした。そのため「ダブルリストロック」「トップリストロック」などこだわりをもって呼んでいた技はいくつかありますが、私が学んだテクニックは名前がないものが多いです。そのため本書では一部、通例として用いられている呼称を用いています。

CACCの攻防の流れ

ディフェンスポジションを経由しない攻めの流れ。

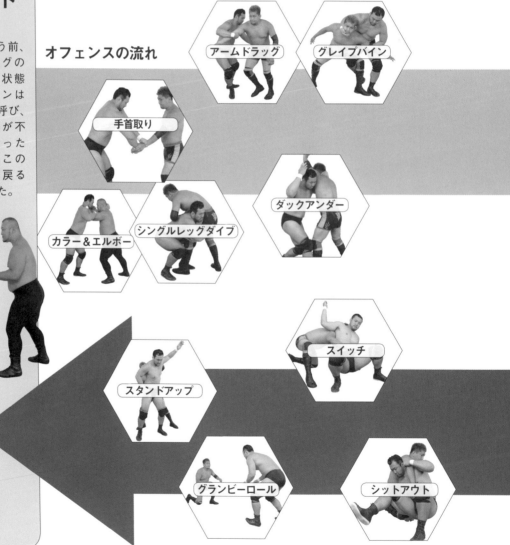

ここで紹介している図は、CACCの攻防の流れを示したものです。5：5のイーブンでのスタートからテイクダウン、ブレイクダウンを経て決着である10：0のゴールであるフォールを目指します。本書もその流れを元に構成されています。ディフェンスの際は、この逆を目指します。

ブレイクダウン (10:0)

ディフェンスポジション

どちらかが崩され両手、両膝を着いた状態。CACCの多くの技は、まずこのポジションに相手をさせることが基本となる。

フォール

CACCのフィニッシュは、サブミッションによる「参った」を奪うサブミッションフォールか、相手の両肩を床に着けるピンフォールにより決せられる。

ディフェンスの流れ

基本のポイント

構えの重要性

　ここではCACCの構えと歩き方（ステップ）を紹介します。この２つが「イーブンに戻す」というCACCの理想の支えとなります。そのためロビンソンにはいつも「必ず100パーセント習得しろ」と教えられました。テイクダウンやブレイクダウン、もしくはスープレックス等の技もまた、構えとステップがおろそかでは決して成立しません。

　私が所属していたジム・スネークピットジャパンで練習していた頃も、毎日繰り返し練習しましたし、今でも試合前のウォームアップなどで用いています。

　初めのうちはその重要性が実感しにくいかもしれませんが、CACCを身につけるためには不可欠ですので、繰り返し練習して体に覚え込ませてください。

　練習で100パーセント体に覚え込ませるとテイクダウン、ブレイクダウンの成功率が上がります。

　逆に言えば、失敗した場合は練習で100パーセントにしていないと言うこともできます。

　ロビンソンの指導を受けていると驚くほどに細かい指摘を受けます。例えば足の位置などはセンチ単位で修正されます。しかしいざ本番で指導通りにすると必ず成功します。

　ですのでテイクダウン、ブレイクダウンが上手くいかない場合は基本に戻ってみてください。そこに答えが必ず出て来ます。

　技術の成功は失敗の中にこそあります。

大きな人間こそ速さが必要

　また、トレーニング全般について、ロビンソンは「体が小さい人間は

パワーを、大きな人間はスピードをつけるべきだ」と話していました。一般的には、小さい人間は長所を生かしたスピードを、体が大きな人間はパワーを伸ばそうとしますが、それでは当たり前で動きや技に広がりを持たせられないと考えていました。実際にロビンソンの試合を見ると、188センチ、110キロという体からは考えられないほど動きが速く驚かされます。また、技や反応が速いのは当然ですが、常に相手の先手を打って動き、巧みに試合全体をコントロールしていることが分かります。

　ロビンソンは「レスリングはチェスと同じだ。常に相手の動きを読んで、自分が動くためのスペースを作り、相手の動ける範囲を狭くするように動きなさい」と話していました。それを実現するためには頭の回転の速さとともに、それを実際に行動にするための体が必要であり、だからこそ「大きな人間はスピードを鍛えろ」と言ったのでしょう。

　また動き全般については、「小さく動け」と言っていました。これは正しい構えを維持したまま動くためなのはもちろんですが、小さく小刻みに動くことで相手に動きを止められにくくするとともに、絶えず相手に選択肢を与え続けることで、自分がコントロールしやすくする効果もあるからです。

　コントロールする側とされる側では動きはもちろんですがスタミナの消費の仕方が全く異なり、疲れればどうしても判断力と動きが鈍り、諦めやすくなります。実はこの「相手を諦めさせる」ことこそが本当の意味での勝負を決するポイントではないかと思っています。

　そのためにも練習で基本を100パーセント体に叩き込み、素早く正確に動ける体を作る必要があるのです。

構え

構えのポイントは右足がわずかに前で、6：4で前足に重心を乗せ、身体をリラックスさせます。アタックもディフェンスもすぐにできるよう、前後左右に素早く動ける状態を保ちます。

左足が前

手は自然に垂らした状態から肘だけを曲げる。

後ろ足は、前足の半歩後ろへ置く。

「全身をリラックスさせて、動きやすい状態を常に保つ」

ビル・ロビンソン

NG

重心が後ろ過ぎる。　　　　前傾し過ぎる。　　　　重心が前過ぎる。

NG

手の位置が低過ぎる。　　　手を伸ばし過ぎる。　　　上半身を倒し過ぎる。

左前の理由

格闘技全体を見渡すと、ボクシングやキックボクシングなど打撃系が左前、柔道やレスリングなど組み技系では右前の構えが主流です。その原則に従えばCACCも右前で良さそうなものですが、基本的に練習は左前で行われました。ステップやあらゆるテクニックは左右両方でできるように練習しましたが、右前の構えを練習したことはありません。

左前が主流な理由は定かではありませんが、CACCを学んだ他のレスラーも皆そうなので、CACCでは伝統的に左前が主流のようです。しかし必ずしも左前でなくてはならないわけでもなく、アマレス出身で右前の構えが身についた選手に左前に改めさせることもありませんでした。ただCACCの場合、カラーアンドエルボーの形で組みにいくことが多いので、みな左前で練習をしておくとスムーズに試合を始められるという利点があるように思います。

相手に手のひらを見せると、指を取られて折られる恐れがある。現在は多くの格闘技で指取りは禁止されているが、ロビンソンはそれでもなお、固く戒めていた。

構えをチェックする

Aが構えているBを前後左右から押し、安定しているかチェックする。Bは姿勢が崩れたらすぐにバランスを回復する。

構えについてロビンソンは、
「テーブルがあって4本の足の一つが取れたら倒れるだろう？ 相手をそういう風にして、自分はそうならないようにする。それがCACCだ」
と、語っていました。4本足のテーブルのようにしっかり立ち、足の位置がズレたり、曲がってしまったりしないように注意します。

ステップ

　ステップの練習は単にスムーズな移動のみを目的としたものではありません。全てのテクニックの土台とも言えるくらい、とても重要な意味を持ちます。なぜならあらゆるテクニックは正しい構えとステップがあって初めて成立します。上半身の力がいくら強くても、相手をコントロールすることはできませんが、足が正しく動けば全身の力を動員することができ、大きな威力を発揮できるようになるのです。

　ビル・ロビンソンはその指導にとても長けていて、技がかからない時はロビンソンに言われた通りにほんの少し足の位置を直すだけで驚くほどスムーズに技がかかるようになってしまうのです。正直、「こんな小さな違いなんて関係ないだろう」と思ってしまうほどの調整なのですが、実際それでかかるようになってしまうのですから、納得するしかありません。

前進、後退

左足を進行方向に移動させ、後ろ足がそれについてくるようにする。後ろ足はすぐに引きつけ、足が開いている時間をなるべく短くする。

NG

大股でのステップは避ける。カカトから着地した瞬間に、レッグダイブを受けると膝が折れることがある。

ステップのポイントは、構えを崩すことなくあらゆる方向へスムーズに移動できるようにすることです。地味な練習ですが上達の近道になりますので、繰り返し練習してしっかりと身につけてください。ここではロビンソンの指導に則って、左足前で解説します。

「どんなに動いても、最初と同じ歩幅、構えに戻れ」

ビル・ロビンソン

左右移動

構えを崩さず、歩幅を一定に保つ。往復した際に同じ位置に戻ってこられるようにする。

足は決して交差させない。交差した瞬間にテイクダウンを仕掛けられるおそれがある。また足を大きく開くのもNG。

ピボット(前)

前足の拇指球を中心に回る。前足が先に回転し、反対側の足が続いて移動する。バスケットボールなどでも使われる、小さく、素早く安定して動くための基本。

ピボット(後ろ)

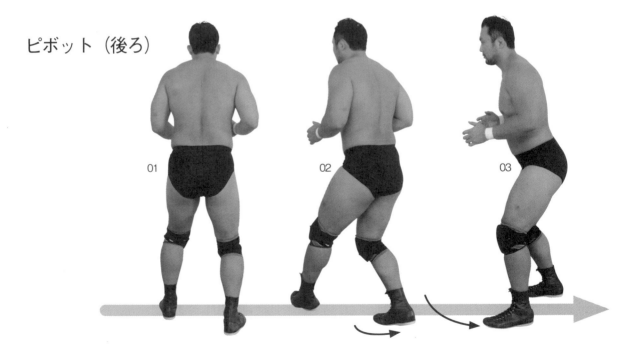

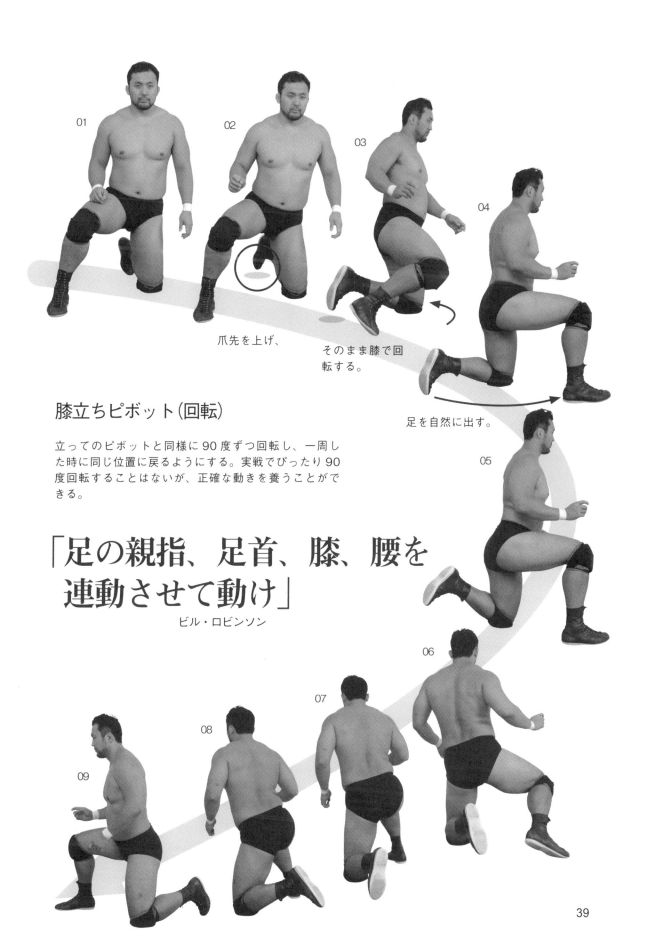

爪先を上げ、

そのまま膝で回転する。

足を自然に出す。

膝立ちピボット（回転）

立ってのピボットと同様に90度ずつ回転し、一周した時に同じ位置に戻るようにする。実戦でぴったり90度回転することはないが、正確な動きを養うことができる。

「足の親指、足首、膝、腰を連動させて動け」

ビル・ロビンソン

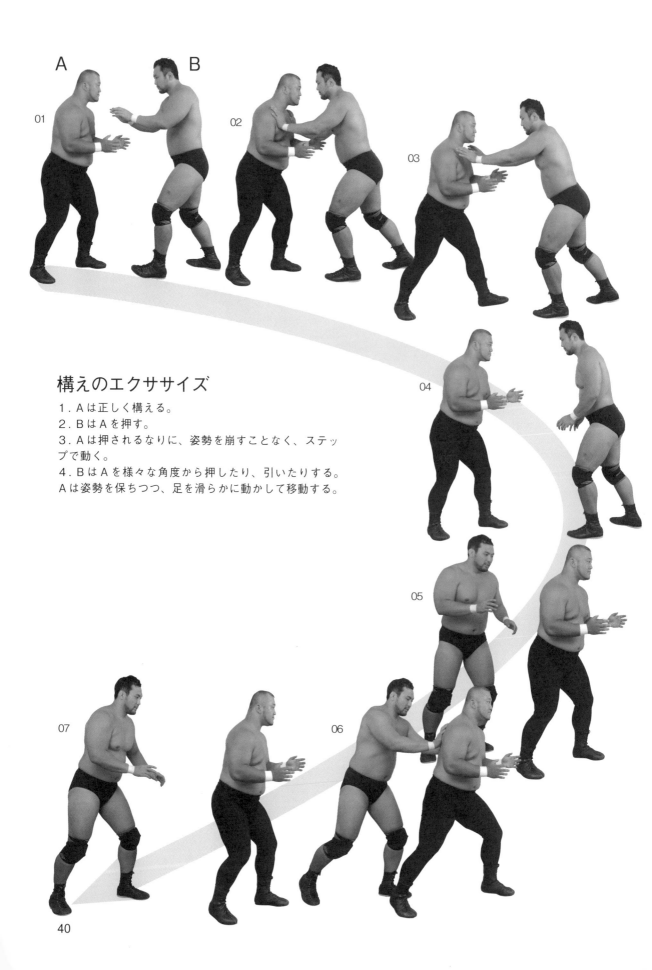

構えのエクササイズ

1. Aは正しく構える。
2. BはAを押す。
3. Aは押されるなりに、姿勢を崩すことなく、ステップで動く。
4. BはAを様々な角度から押したり、引いたりする。Aは姿勢を保ちつつ、足を滑らかに動かして移動する。

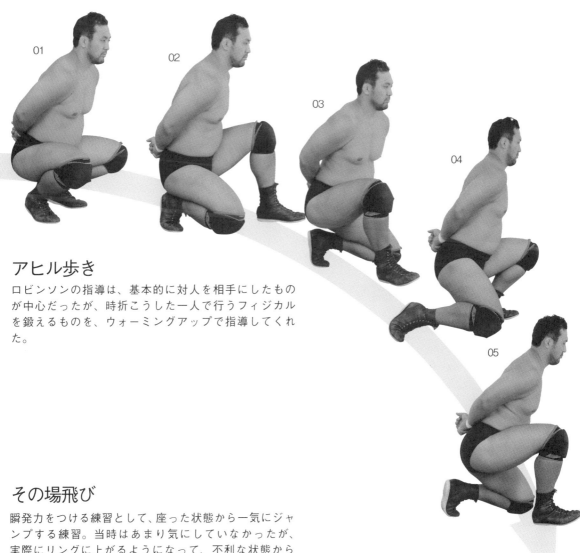

アヒル歩き

ロビンソンの指導は、基本的に対人を相手にしたものが中心だったが、時折こうした一人で行うフィジカルを鍛えるものを、ウォーミングアップで指導してくれた。

その場飛び

瞬発力をつける練習として、座った状態から一気にジャンプする練習。当時はあまり気にしていなかったが、実際にリングに上がるようになって、不利な状態から一気に動く際に役に立っていることに気がついたという。ただ、膝へ負担がかかるので実際に行う時は注意が必要。

第2章
テイクダウン

・テイクダウンのポイント
・カラーアンドエルボーと展開
・手首取り、小手返し
・手首取りからの展開
・バックからの展開

テイクダウンのポイント

確実に相手を支配下に置く

　CACCでは、立った相手の背中を床につけるピンフォールを目指して、コントロールしていきます。この過程は「立った相手をグラウンドに持ち込むまで」と「グラウンドに持ち込んだ相手をフォールするまで」の2つの局面に分けることができます。

　この章では前半にあたる、立った相手をグラウンドに持ち込むまでの過程を「テイクダウン」として紹介します。投げたり、倒したり、跪かせたりなど、いくつものやり方がありますが、グラウンドに持ち込むという意味では全て共通です。またテイクダウンをしてそのままフォールできれば理想ですが、実際にはそうはいきません。相手は激しく抵抗し、有利なポジションを奪い返してくることでしょう。ですからテイクダウンをしても気を緩めることなく確実に相手を支配下に置き、次の「ブレイクダウン」につなげていくようにします。

「どんなに素晴らしいテイクダウンも
コントロールできていなければ
意味はない」

ビル・ロビンソン

カラーアンドエルボー

お互いが組み合った姿勢です。CACCで学ぶ技のほとんどは、この体勢からスタートします。

「ただ手を添えるな。
　首と肘をコントロールしろ」
ビル・ロビンソン

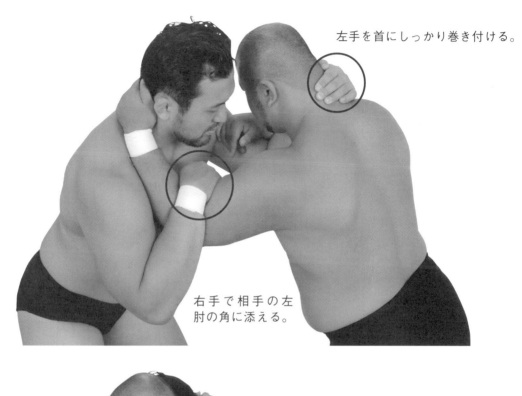

左手を首にしっかり巻き付ける。

右手で相手の左肘の角に添える。

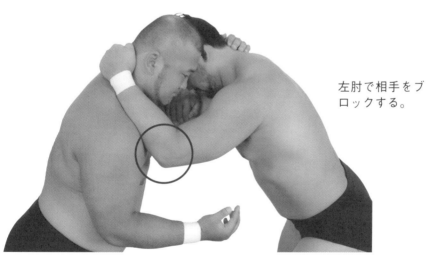

左肘で相手をブロックする。

47

首取り

カラーアンドエルボーで相手の首を取るポイントは、肘と上腕をうまく使って、相手との距離を保つことです。

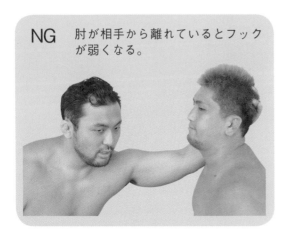

NG 肘が相手から離れているとフックが弱くなる。

OK 肘を押しつけるようにして、プレッシャーをかけつつ、前腕をテコのように使って、頭を下げる。

NG 手のフックが浅いと相手の体勢を崩せないうえ、逃げられやすくなる。

OK 相手のうなじの辺り全体をすっぽり包むくらい深く持つ。

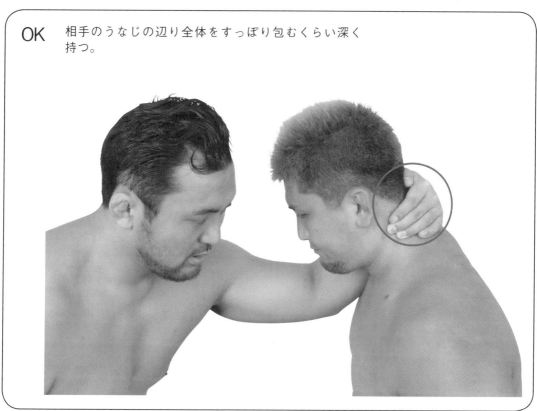

カラーアンドエルボーでの移動

相手にプレッシャーをかける際は、前進する力を用います。腕を伸ばす力に頼らないよう注意しましょう。引く時も同様です。腕力ではなく移動による力を用います。押したり引いたりする際は、構えを崩さず姿勢が前傾したりしないように注意します。

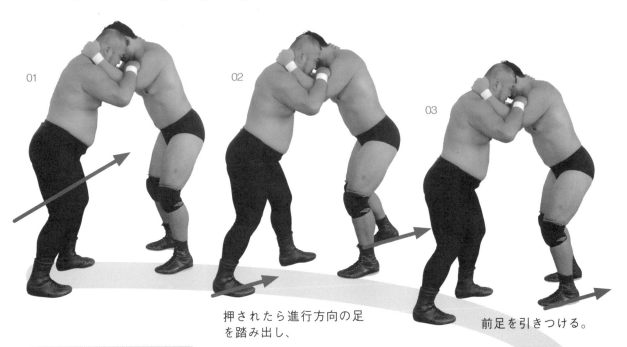

押されたら進行方向の足を踏み出し、

前足を引きつける。

後ろ足を引きつける。左右への移動も同様に、進行方向の足を先に出す。

足は交差させず、基本のステップで移動。前進する時は、前足から踏み出し、

NG バランスが崩れているため、相手に力が伝わらないうえ、テイクダウンをされやすい。

カラーアンドエルボーのエクササイズ

1. AとBがカラーアンドエルボーで組み合う。
2. AはBを前後左右、回転などで揺さぶる。Bは足を滑らかに動かし、姿勢を維持する。姿勢が崩されたら速やかに立て直す。
3. 一分ほど続けたら攻守を入れ替える。

カラーアンドエルボー >
オーバーフック

　カラーアンドエルボーからアタックする際に、多くのテクニックのスタートにあたるのが、"オーバーフック"と"アンダーフック"です。

相手の首筋から腕を巻きつける。

相手の肩口を脇でしっかり抱え込む。

カラーアンドエルボー >

アンダーフック

相手の脇を差す動きです。テイクダウンでもブレイクダウンでも用いられます。

上腕で跳ね上げるようにして深く抱え込む。

首と肩をしっかり抱えたまま胸を張り、相手の腕を無力化する。

カラーアンドエルボー＞オーバーフック＞
ファイヤーマンズキャリー

ここでは、カラーアンドエルボーからの展開例をいくつか紹介しておきます。

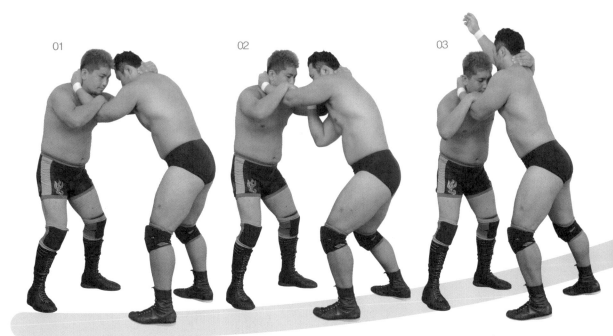

オーバーフック。

カラーアンドエルボー＞オーバーフック＞
サルト

　ロビンソンは、スープレックスとサルトを分けて説明していました。違いは相手を投げる軌道で、真っ直ぐ投げるものを"スープレックス"、投げる途中でひねりを加えるものを"サルト"だと言われていました。サルトで大事なことは投げに入る時に膝を前に出さないことです。膝が前に出ると重心が真下にかかり潰されてしまいます。膝を出さないことで、重心が後ろにかかり、相手を軽く投げることが出来ます。

P.55 04より。

自分の右腕をオーバーフックで左腕を抱え込み、

左腕を相手の右脇に滑り込ませ投げのモーションへ。この時、膝を絶対に前に出さない。

カラーアンドエルボー＞オーバーフック
ウィザーからハンクへ

　オーバーフックから、腕にプレッシャーをかけ、方向転換するところまでが"ウィザー"、内股で投げる動きが"ハンク"です。投げる時に遠くの足まで一緒に払うと"ハイポ"になります。いずれもロビンソンが試合でよく使っていた投げです。

左右の足を入れ替えるようにして、方向転換。

カラーアンドエルボー > オーバーフック >
ハイポ

　ウィザーからハンクを狙って、相手が堪えた場合に狙えます。右手で肩にプレッシャーを与えつつ、足を払うのとお辞儀（上半身のベント）を同時に行うことで投げます。手前の足を刈るのがハンク、奥の足を刈るのがハイポです。もちろんウィザーから直接ハイポを狙っても構いません。

P.57 09' より。

左足のピボットで相手の両足を刈り投げる。

ブレイクダウンへ。

カラーアンドエルボー＞アンダーフック＞
ヘッドロック

　腕で締めるのではなく、胸と腕で挟むことで締めます。そのため、胸は丸めず突き出すのがしっかり相手を捉えるポイントです。しっかり胸で抑えられれば、相手の腕を挟んで捉えていても十分効かせられます。

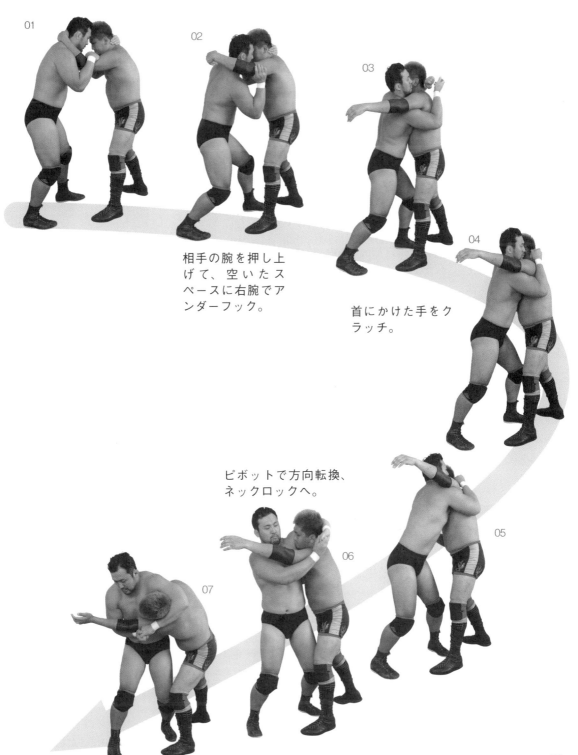

相手の腕を押し上げて、空いたスペースに右腕でアンダーフック。

首にかけた手をクラッチ。

ピボットで方向転換、ネックロックへ。

カラーアンドエルボー＞
ヘッドロックから腰投げへ

カラーアンドエルボーから、直接相手の頭を抱え込み、テイクダウンすることもできます。

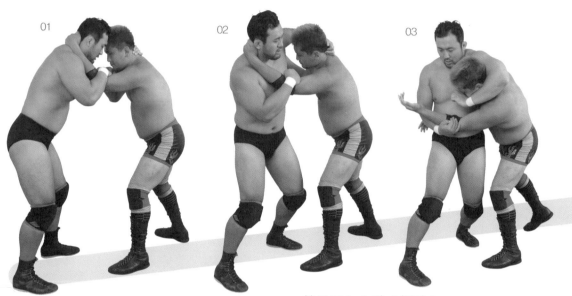

前に回した手で相手の
頭を抱え込み、

ブレイクダウンへ。

カラーアンドエルボー＞
手を剥がす

　指を掴んで首から剥がすようにして相手の手を取ることができます。そのまま相手の手首を取ってアタックしてもよいでしょう。結果として指の関節が極まることもあるでしょう。ロビンソンは「（審判に）ばれなければ反則ではない」と言っていましたが、練習では相手に怪我をさせないよう十分注意してください。

別角度 01　02　03

相手の指全体を包むようにして持ち、指を握り込むようにして剥がします。

すぐに手首を取る。

手首取りからのアタックへ。

カラーアンドエルボー >

ネックチャンスリー

　右手はアゴを巻き込み、左手の甲をこめかみに回し胸元に引きつけテコの原理で締める。足で行うクルックヘッドシザースと同じ要領です。また、腕だけではなく、最後に足で自分の右腕に体重をかけることも大事で、ロビンソンによく教えてもらいました。

「足を使って、首に体重をかけろ」
ビル・ロビンソン

右手を上に、左手を下へ締めひねる。この時、右足でしっかり踏み込み右腕に体重を乗せてアゴを固定する。

別角度

別角度

カラーアンドエルボー >
腕取り

首にかけられた手を外し、内側に流して、相手の腕を外側から取ります。カラーアンドエルボーから最もオーソドックスな展開のひとつです。

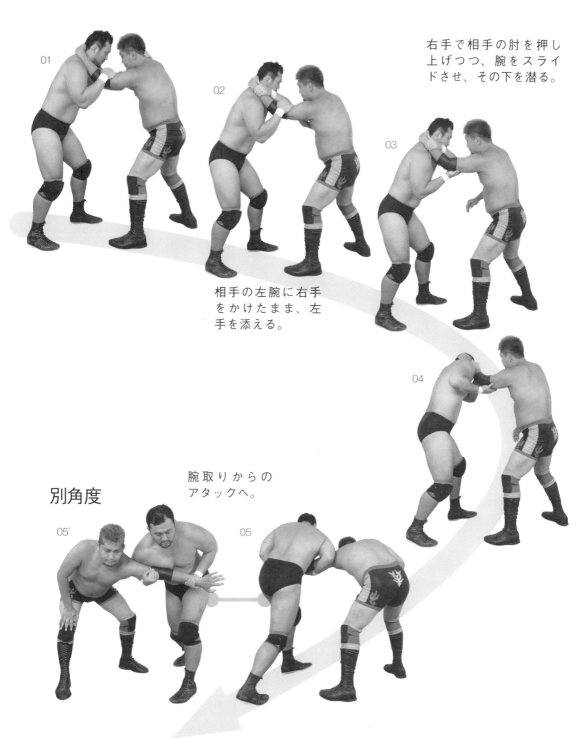

01

02 相手の左腕に右手をかけたまま、左手を添える。

03 右手で相手の肘を押し上げつつ、腕をスライドさせ、その下を潜る。

04

05 腕取りからのアタックへ。

別角度

05'

カラーアンドエルボー＞
腕取りから足取り

　カラーアンドエルボーから腕を流します。アームバやバックも狙えますが、より多いのは足へのアタックにつなげるパターンです。腕を取られた相手は多くの場合、とっさに腕を引いてきますので、その動きを利用して足元に潜り込み、外側からレッグダイブなどを仕掛けます。腕取りからレッグダイブまでを一連の技として練習しましょう。

アームバーへ
（P.67）

「一つの技を
　100パーセントかけろ」
ビル・ロビンソン

アウトサイドシングルへ。

相手が抵抗したら、
レッグダイブへ。

カラーアンドエルボー＞
腕取りからアームバー

　取った腕の肘に脇を当てるようにして、相手の肘を伸ばすこともあります。アームバーに極まることもありますが、やはり相手のバランスを崩すことが主な目的です。相手が腕を引いてきたらファイヤーマンズキャリーにスイッチすることもあります。

ファイヤーマンズ
キャリーへ
(P.68)

バックへ
(P.70)

相手の肩にプレッシャーをかけながら左膝を着き、相手へ背中から倒れる。

カラーアンドエルボー＞腕取り＞
ファイヤーマンズキャリー

　腕取りで相手が手を引いてきた場合、股の間に手を入れてファイヤーマンズキャリーに切り替えることもできます。投げっぱなしにせず、投げた後もしっかり押さえ込みます。

すかさずピンフォールへ。

相手が腕を引いて抵抗してきたら、

引く相手の力に乗って足へダイブ。

「自分の腕を 相手の背中に巻きつけろ」
ビル・ロビンソン

潜り込む時は真っ直ぐではなく、螺旋階段をイメージして、

足を掴まず、相手の肩を自分の後頭部で固定しつつ、相手の足下に潜り込み投げる。

カラーアンドエルボー＞
腕取りからバックへ

腕取りから相手の背後に回り込みます。

左手で相手を弾き出すと同時に、ピボットで相手の背後に回り込む。

右手はボールを投げるように大きく動かし、相手を押し出す。

バックからのアタックへ。

カラーアンドエルボー >
ダックアンダー

相手が首を抱えている腕を持ち上げ、その下を潜ってバックを取ります。主に相手の腕が自分の首に伸びている左側から回ります。

ボディースラムへ (P.270)

バックからのアタックへ。

カラーアンドエルボー＞
シングルレッグダイブ

　カラーアンドエルボーから、足にタックルを仕掛けます。片足を狙うシングルレッグダイブと両足を狙うダブルレッグダイブの2種類がありますが、主にダブルはシングルからの変化として用いられます。首は外側に出し側頭部を相手の腰に当てるようにします。

●三種類のクラッチ
体勢や技に合わせて使いやすいものを使う。

相手の肘を上げると同時に入り込む。

必ず顔は上げ、自分の耳を相手の腿に当てるように。

「基本の構えを崩さず膝だけを曲げるように入れ」

ビル・ロビンソン

自分の胸を密着させしっかり力を伝える。両足を揃えて、相手の左足の両側に置く。

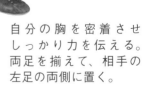

カラーアンドエルボー＞
シングルレッグダイブ１

　基本になるシングルレッグダイブです。低い姿勢でも正しい姿勢とステップを守ることが成功の秘訣です。

膝裏でクラッチ、

スクワットの動きで立ち上がり、

体をねじらず、ピボットの動きで相手の左足があった位置へ落とす。この時、横に振り回しても、相手は片足で耐えられるのでテイクダウンできない。

ブレイクダウンへ。

カラーアンドエルボー＞

シングルレッグダイブ２

　レッグダイブに成功し、相手の足を持ち上げても、体重をかけて抵抗してきます。その場合は、相手が自分にのしかかる力を利用して、逆に相手を倒すことができます。この動きが"ドラゴンスクリュー"の原型ではないかと思っています。

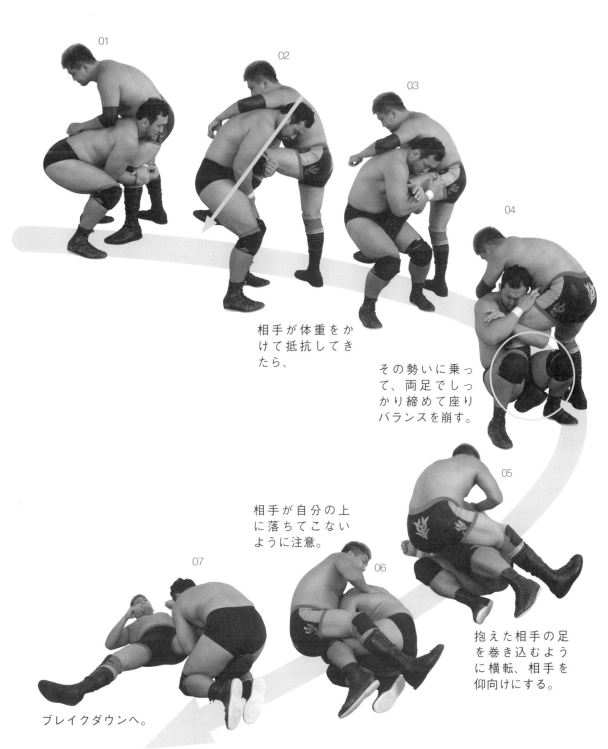

相手が体重をかけて抵抗してきたら、

その勢いに乗って、両足でしっかり締めて座りバランスを崩す。

相手が自分の上に落ちてこないように注意。

抱えた相手の足を巻き込むように横転、相手を仰向けにする。

ブレイクダウンへ。

カラーアンドエルボー ＞ 腕取り ＞ レッグダイブ ＞
シングルレッグダイブのポイント

　レッグダイブから相手を倒す時には、真下に行くのがポイントです。片足を持ち上げ、片足スクワットをさせるような形で、浮いた足が本来あるべき位置に座らせるようにします。これとは逆にドラゴンスクリューでは、相手ではなく自分が座るようにします。ロビンソンは「スパイラル」「螺旋階段のように」と言っていましたが、らせん状に力を使うのです。相手を倒す場合は相手がらせんの中心になります。この場合のらせんは、渦のように内側へ入っていくようなイメージです。遠心力で外に広がるらせんは、力が

この位置に相手を落とすイメージ。

NG 遠心力で真横に回転したり、真っ直ぐ引っ張っても相手が付いてくるので倒れない。

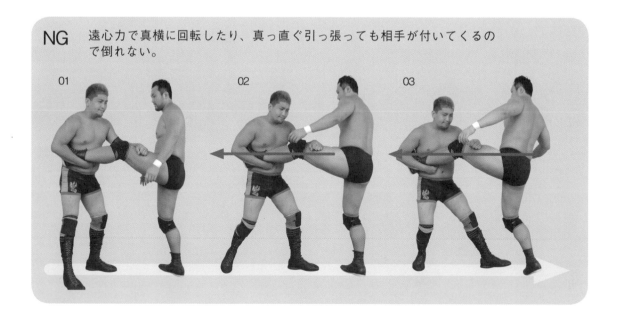

拡散してしまってうまく相手に伝わりません。

　ファイヤーマンズキャリーも同様です。担ぎ上げて投げるイメージがありますが、「螺旋階段を降りるように下に行くように」と教わっています。こうすると担ぎ上げるよりもずっとスムーズで、楽に相手を投げることができるのです。柔道のように道着を掴む場合は、半径の大きな遠心力が有効かも知れませんが、レスリングの投げ技は渦に巻き込まれる感じです。小さく折りたたまれて怪我をすることもあるので、十分注意しながら練習しましょう。

カラーアンドエルボー >
シングルレッグダイブ3

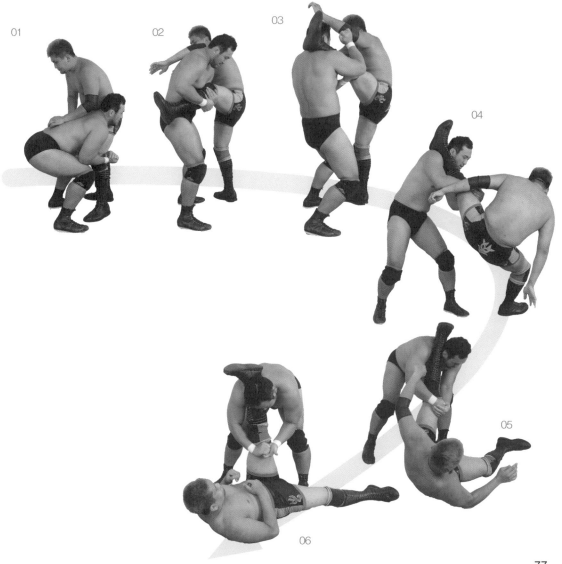

足を持ち上げるポイント

　レッグダイブで取った相手の足を持ち上げる際は、背筋ではなくスクワットの動きで足の力を用いるようにします。この時、姿勢が崩れてしまっていると足の力が使えませんので、背骨を曲げず、腰を低くしてレッグダイブをします。

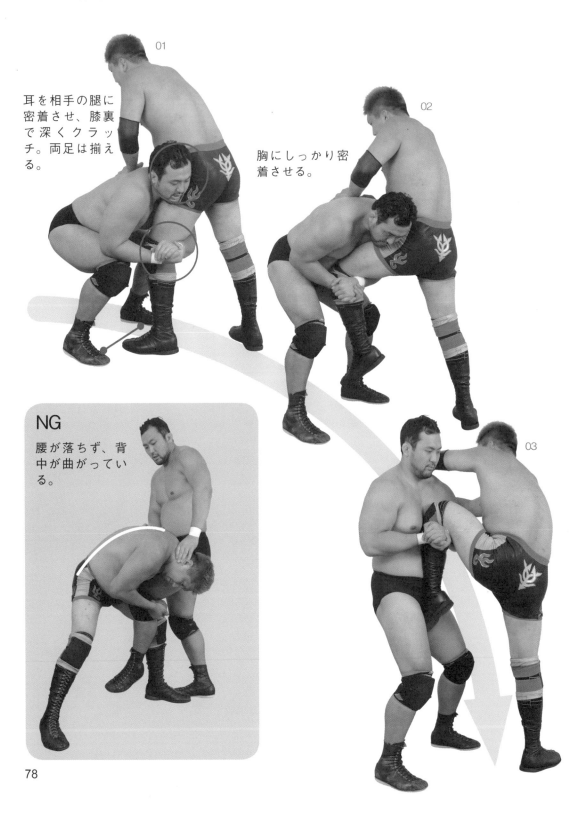

01
耳を相手の腿に密着させ、膝裏で深くクラッチ。両足は揃える。

02
胸にしっかり密着させる。

03

NG
腰が落ちず、背中が曲がっている。

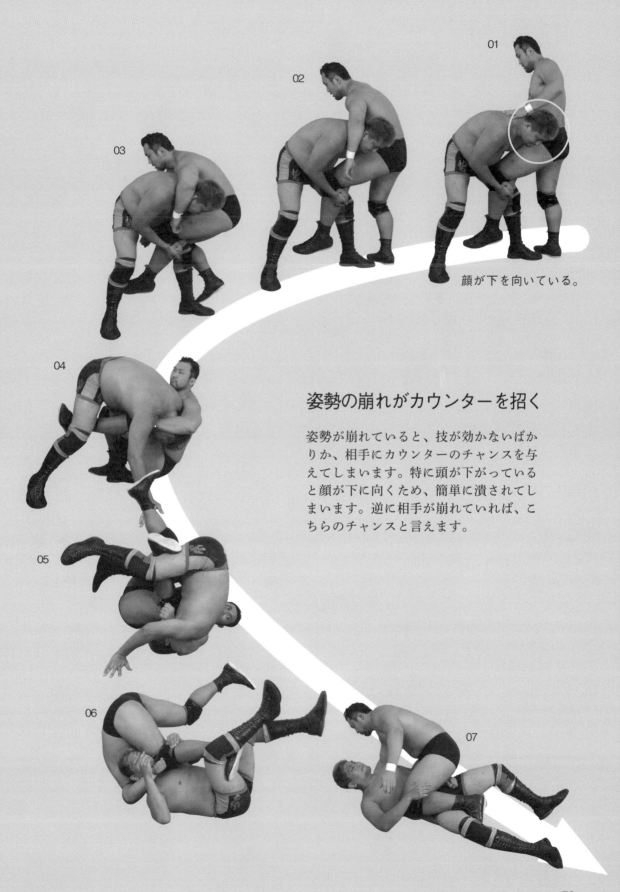

顔が下を向いている。

姿勢の崩れがカウンターを招く

姿勢が崩れていると、技が効かないばかりか、相手にカウンターのチャンスを与えてしまいます。特に頭が下がっていると顔が下に向くため、簡単に潰されてしまいます。逆に相手が崩れていれば、こちらのチャンスと言えます。

カラーアンドエルボー ＞ シングルレッグダイブ ＞
足刈り

自分の左足を相手の両足の間に滑り込ませ、相手の左カカトを固定し、胸で膝下を押し倒します。パートナーに怪我をさせないように練習ではゆっくり行いましょう。

足の形
背筋を伸ばし、相手に密着することで、力を効率よく伝える。

カカトで左足を固定し、膝と胸を合わせ、前進してテイクダウン。

ブレイクダウンへ。

カラーアンドエルボー＞シングルレッグダイブ＞
アウトサイドレッグダイブ

レッグダイブで相手の足が浮かない場合は、サイドからレッグダイブを仕掛けることができます。

素早くサイドに移動。

爪先を立てつつ、両膝を着く。

手で足を固定して、小指方向へ体全体で倒す。

倒した足の反対側の足の外側に、自分の足を置きつつ前進、肩でプレッシャーをかける。

ブレイクダウンへ。

カラーアンドエルボー ＞ シングルレッグダイブ ＞

テイクダウン

シングルレッグダイブで相手が堪え、足が浮かない場合、相手の足下に横向きに座り、右手で相手の膝裏を刈り込み倒す。回り込むことで相手が倒れるスペースを作る。

左足を相手の右足に添えて固定。

相手の左足を両足で挟み、前に倒す。この時、必ず横に回り込み、相手の下敷きにならないようにする。

左足で相手の右足をフックし、両足を固定する。

足はコントロールしたまま。

ブレイクダウンへ。

カラーアンドエルボー ＞ シングルレッグダイブ ＞
バックへ回り込む

　レッグダイブで大きく相手の体勢を崩せない場合は、バックに回ってもよいでしょう。何か上手くいかない時は、そこで止まらず、すぐに技を切り替えてアタックし続けることが大事です。動き自体はダックアンダーと同じ感じです。

肩から相手に自分の重心を預けつつ回り、

前方に押し出しつつバックを取る。

バックからのアタックへ。

カラーアンドエルボー＞シングルレッグダイブ＞
ダブルレッグダイブ

レッグダイブで相手の足が浮かない場合、両足を取るダブルレッグダイブや、ピボットでのテイクダウンに変化することができます。

自分の左手を相手の右足に当てる。

そのまま前進、相手を倒す。相手の両足を結んだ直線に対して、直角に力を加える。

「寄せた自分の首を離すな」
ビル・ロビンソン

首は最後まで相手に密着させ、プレッシャーをかけ続ける。さらに右足を伸ばすことで、プレッシャーをかける。

ブレイクダウンへ。

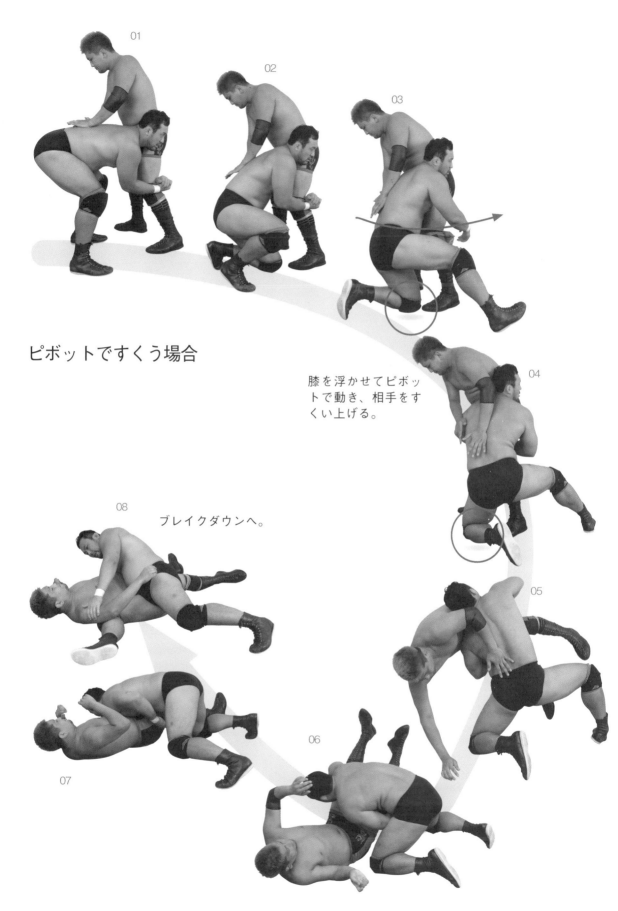

ピボットですくう場合

膝を浮かせてピボットで動き、相手をすくい上げる。

ブレイクダウンへ。

カラーアンドエルボー ＞ シングルレッグダイブ ＞
ジャックナイフへの連続技

　ダブルレッグダイブとジャックナイフの連携例です。テイクダウンからブレイクダウン、ピンフォールまで一連の動きとなっています。ロビンソンが試合でよく見せていました。

ピンフォールへ。

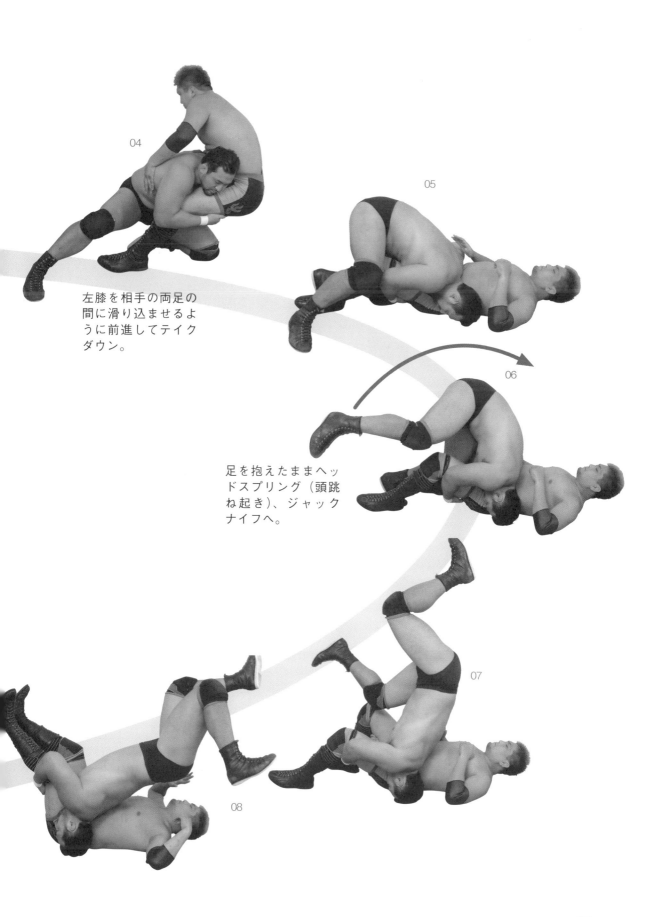

カラーアンドエルボー ＞ 腕取り ＞ シングルレッグダイブ ＞
アウトサイドからのシットアンドロール

前からも横からも押せない時は、別の方向へのテイクダウンを試みます。これが失敗したら、再び別のテイクダウンを試みます。

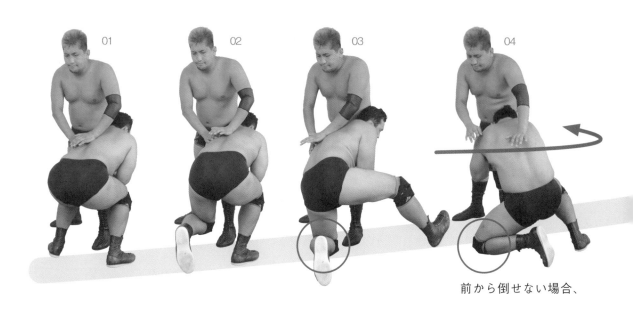

前から倒せない場合、

ピンフォールまたはブレイクダウンへ。

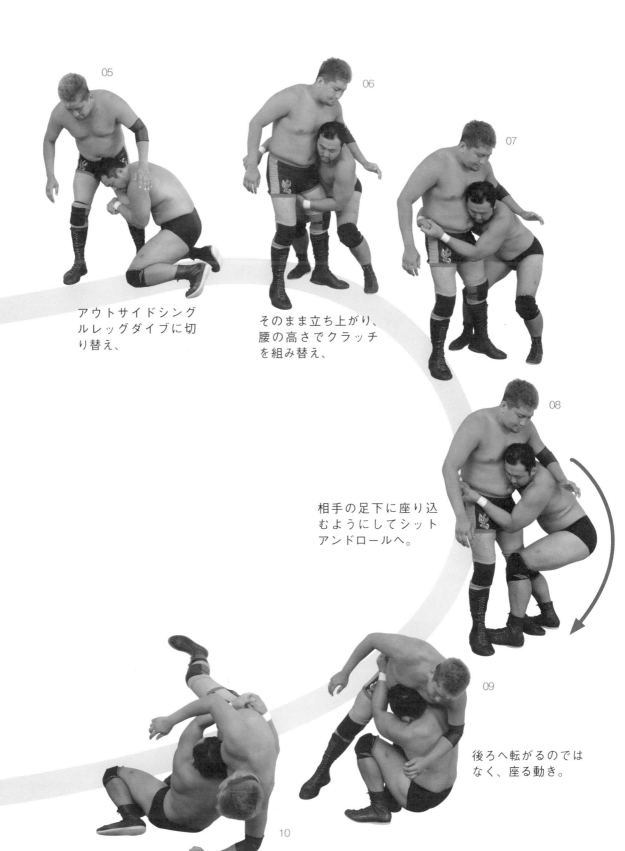

カラーアンドエルボー＞アウトサイドシングルレッグ＞
ピックアップ・テイクダウン

前からも横からも押せない時は、別の方向へのテイクダウンを試みます。これが失敗したら、再び別のテイクダウンを試みます。

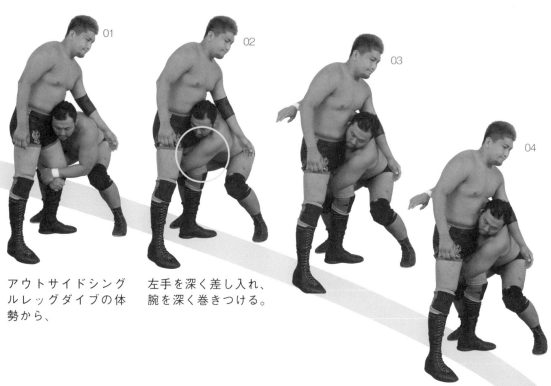

アウトサイドシングルレッグダイブの体勢から、

左手を深く差し入れ、腕を深く巻きつける。

右手でしっかり腰をキャッチ、

右足を相手の後ろへ移動、素早く体を寄せ、お腹で跳ね上げるようにピックアップ。

そのまま前に落とし、ブレイクダウンへ。バックドロップ、ワンハンドブリーカーも可能。

カラーアンドエルボー＞シングルレッグダイブ＞
ヘッドロックへのカウンター

　　レッグダイブへのカウンターにヘッドロックがあります。これに対しては、首を抜いたり、バックドロップでの対処が優光です。

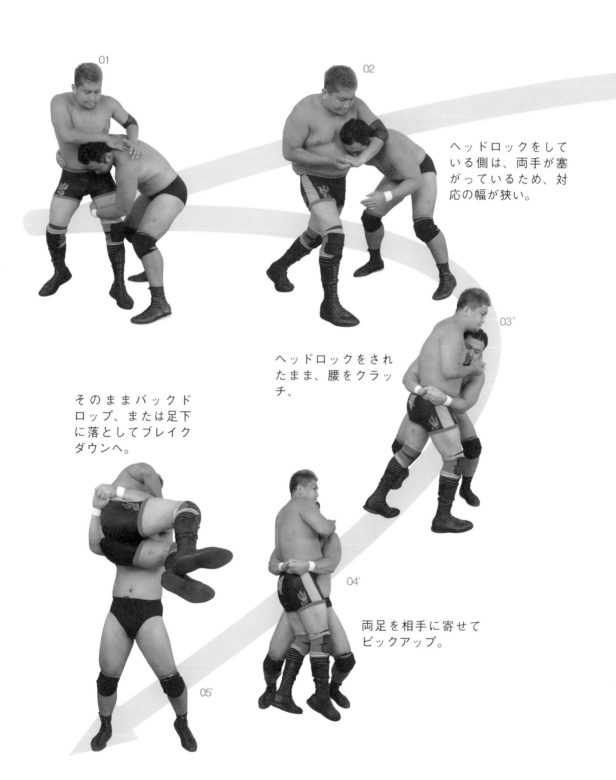

ヘッドロックをしている側は、両手が塞がっているため、対応の幅が狭い。

ヘッドロックをされたまま、腰をクラッチ、

そのままバックドロップ、または足下に落としてブレイクダウンへ。

両足を相手に寄せてピックアップ。

肩をすぼませて、相手の腕を外しながら、両手を突っ張って脱出、

肩と手の位置に注意

イーブンに戻す。

シングルレッグダイブへのカウンター

　レッグダイブは、相手をブレイクダウンするための重要な技術ですが、それだけに多くのカウンターもあります。アタック・カウンターの両方を練習することで攻防の幅が広がります。

03 右手で相手の左肘を抑え、左手の肘から相手へ差し込んでいく。

04 左手で相手の左内腿を掴む。

05 その場に座り、相手を後ろへ放る。一緒に転がらないことが大事。

07 右手で放る。相手の左肘はここまでしっかり固定し続ける。

08 ピンフォールまたはブレイクダウンへ。

レッグダイブを耐えた場合、

左腕を回し、後ろから相手の右腕をクラッチ。

ピンフォールまたはブレイクダウンへ。

そのまま後方に転がりピンフォール、またはブレイクダウンへ。

01 相手のシングルレッグダイブで、左足を浮かされた場合、

02 相手の首を抱えた状態で、浮かされた左足で相手の右足をフック。

03 相手の真下に滑り込むように後方へ回転、

07 ピンフォールまたはブレイクダウンへ。

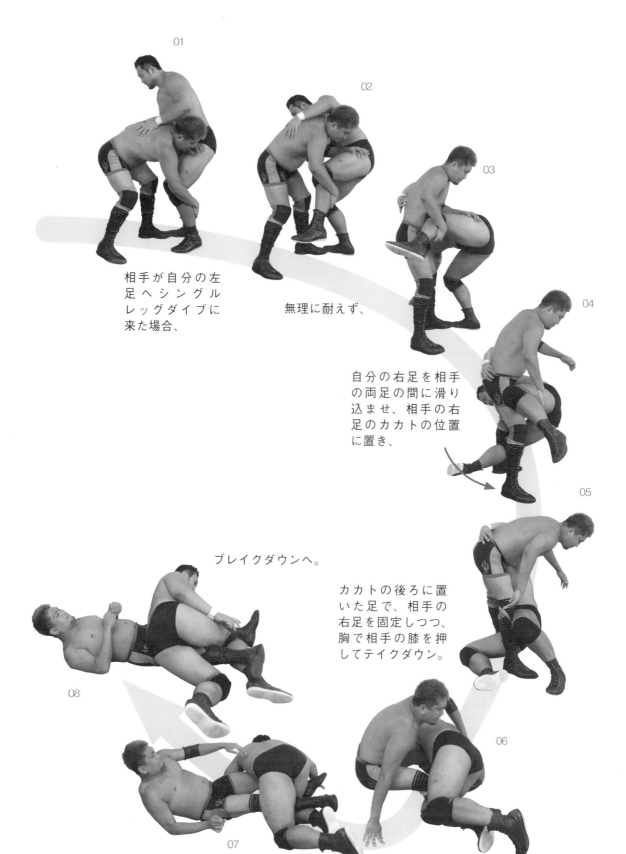

相手が自分の左足へシングルレッグダイブに来た場合、無理に耐えず、自分の右足を相手の両足の間に滑り込ませ、相手の右足のカカトの位置に置き、カカトの後ろに置いた足で、相手の右足を固定しつつ、胸で相手の膝を押してテイクダウン。ブレイクダウンへ。

相手のシングルレッグダイブに対して、

バックスライド

シングルレッグダイブへのカウンターに対して、バックスライドでそのままピンフォールにいくこともできます。この他にも状況に応じてカウンターは様々あります。大事なことは一つの技に固執することなく、ひとつのトライが失敗しても、すぐに切り替えて他の技にいけることです。

背中の斜面を使いピンフォールへ。

足を伸ばし、腰を上げ、

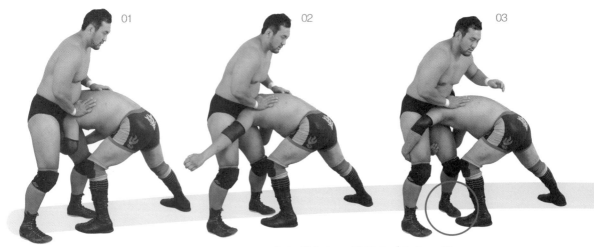

シングルレッグダイブから、ダブルへ切り替えてきた場合、

ダブルレッグダイブへのカウンター

シングルレッグダイブに来た相手が、ダブルレッグダイブへ切り替えてきた場合へのカウンターの一例です。ここではアームバーからブレイクダウンへの流れを紹介しています。

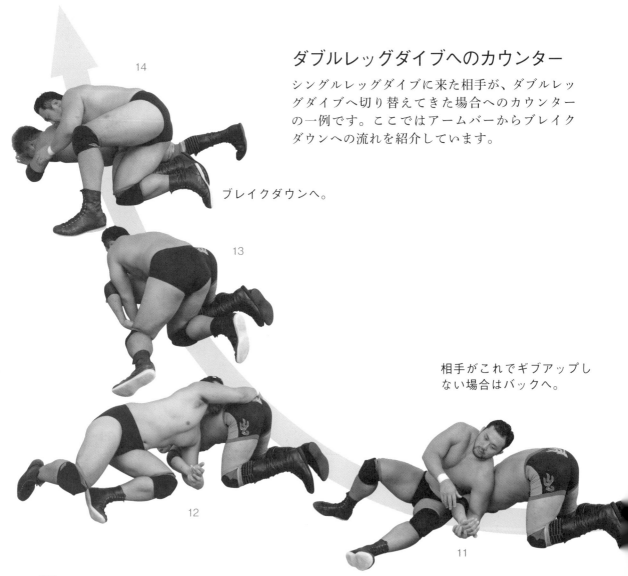

ブレイクダウンへ。

相手がこれでギブアップしない場合はバックへ。

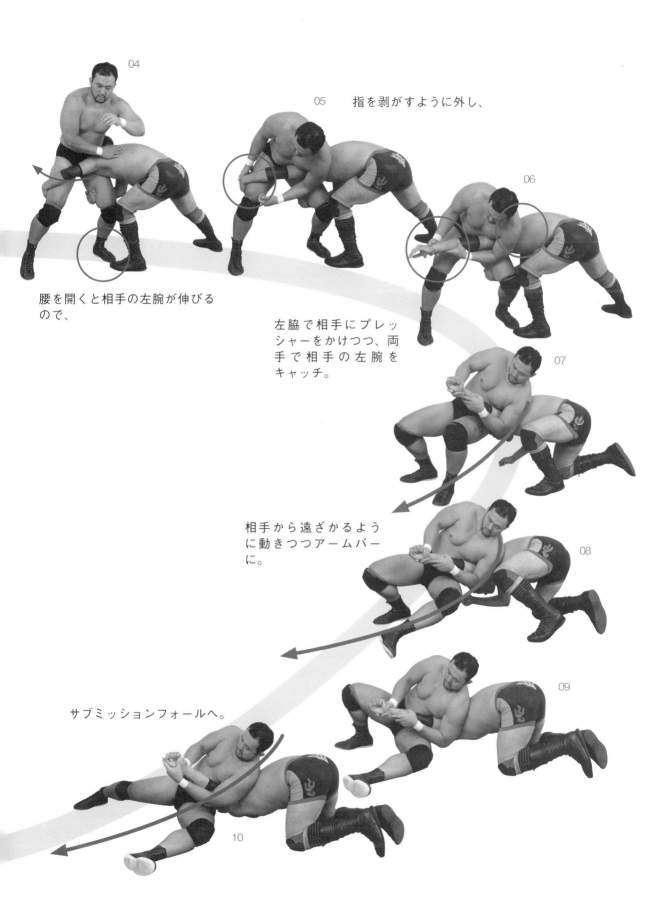

手首取り

　試合やスパーリングの開始直後、有利な状態で組むためにしばしば手首の取り合いが行われます。「カラーアンドエルボーにいくか、手首取りにいくか」というチョイス（選択肢）を相手に与えることによって、相手の意識を分散させられます。手首の取り方は大きく3種類。ロビンソンのクラスではその外し方を重点的に練習しました。

外側から持たれた時

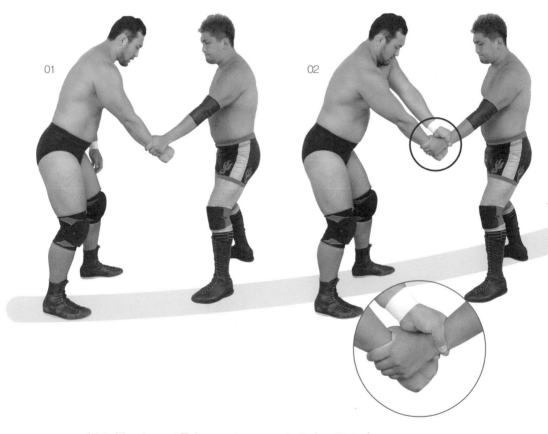

掴む側にとって最もコントロールしやすい取り方。
いくつかの技に展開させることができる。

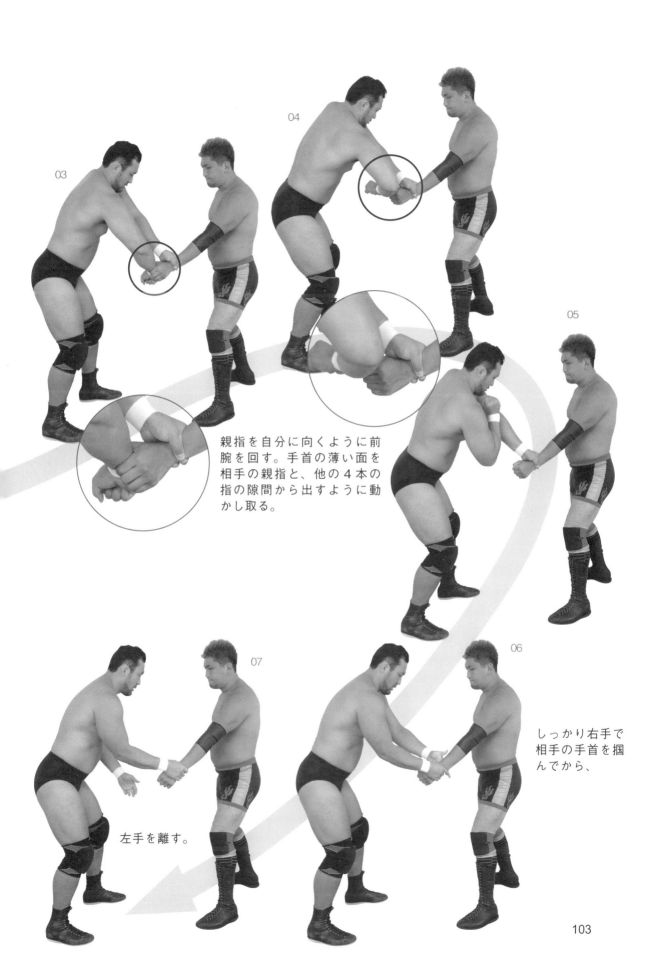

親指を自分に向くように前腕を回す。手首の薄い面を相手の親指と、他の4本の指の隙間から出すように動かし取る。

しっかり右手で相手の手首を掴んでから、

左手を離す。

内側から持たれた場合

自分の手首の側面を、相手のグリップの隙間に合わせ、

両手で持たれた場合

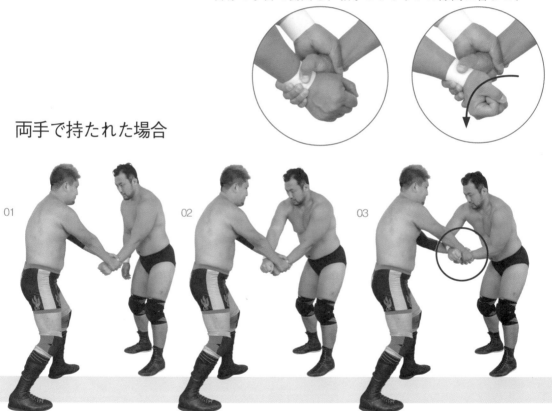

相手の腕を利用してテコの応用で外す。

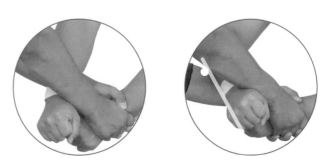

抜く。

外した後も、相手の手はしっかり握っておく。

「テコの力で素早く取れ」

ビル・ロビンソン

自分の手首を切ったら、すぐに相手の手首を握る。

相手に手首を持たせたまま、自分の右手を添え、

「手の甲をしっかり押さえろ」

ビル・ロビンソン

小手返し

ロビンソンに教えてもらった時に、「なんだか合気道っぽいな」と思いながら練習したのを覚えています。もしかするとレスラーが合気道から取り入れた技術が、ロビンソンを経由して日本人の私に伝わったのかもと考えると面白いです。

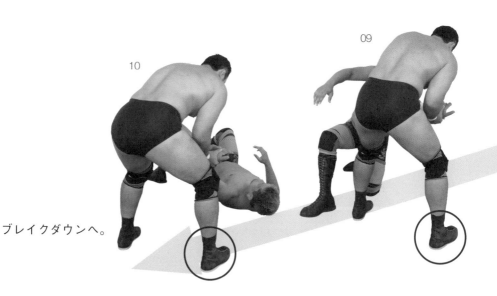

ブレイクダウンへ。

相手の体を大きく引き出し、

相手の手首にプレッシャーをかけつつ、足の動きはピボットで、体を反転させる。

手首取りのポイント

　ロビンソンは「しっかり持て」と言っていました。ただ力任せに握りしめるわけではありません。それでは相手に引かれた時に自分の体勢が崩れてしまうためです。

　そのため掴むというより、指で作った輪を相手の手首に引っ掛けるようにします。すると身体がリラックスするため、相手に引かれてもステップを効かせて全身でついていくことができます。この方が姿勢も崩れませんしスピードも出るので、それだけで相手を崩すこともできます。輪を作る指は人によって異なりますが、筆者は中指、薬指、親指の3本を用いています。

　なかには親指と人差し指を用いる人もいますが、小指をぎゅっと握りこむことはないようです。カール・ゴッチは小指がなかったそうですが、それでも十分試合ができたのですから、小指に頼らない握り方を身につけていたのでしょう。経験的にも人差し指や小指を用いると、疲れるのが早い気がします。またロビンソンから握力を鍛えるように言われることもありませんでした。テクニックに必要な握力は、スパーリングの中で自ずと鍛えられるという考え方だったようです。

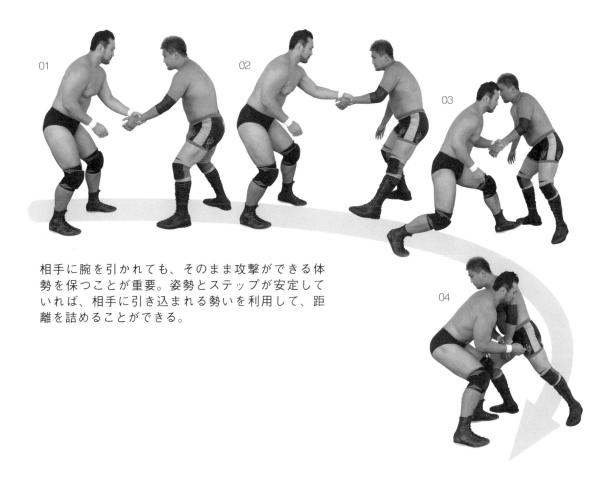

相手に腕を引かれても、そのまま攻撃ができる体勢を保つことが重要。姿勢とステップが安定していれば、相手に引き込まれる勢いを利用して、距離を詰めることができる。

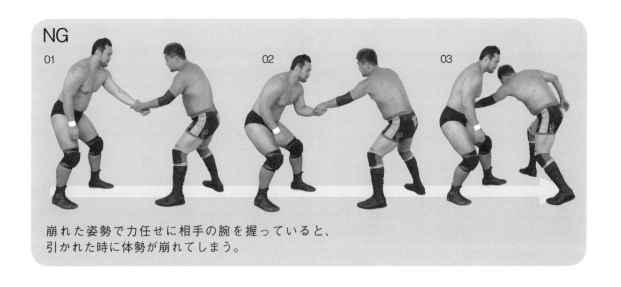

崩れた姿勢で力任せに相手の腕を握っていると、引かれた時に体勢が崩れてしまう。

手首取りのエクササイズ

1．Aが3種類の掴み方（内側、外側、両手）からランダムでBの手首を掴む。
2．Bは掴まれた手首をすぐに外し、Aの手首を掴む。
3．Aはすぐ手首を外し、再びBの手首を掴む。
※これを繰り返します。多人数の時は一人1分程度で交代して回す。

手首取り＞
アームドラッグ

　ロビンソンには「Go to Behind!（背後に行け！）」と言われました。テイクダウンするためには、テイクダウンするのに有利な位置を取る必要があります。その中でベストなのはバックを取ることです。もちろん相手は抵抗してきますので、相手のリアクションに合わせて様々に動きを変化させられるようにします。アームドラッグは相手の手首から腕をたぐるようにして背後を取るテクニックです。左右、両方ともできるようにします。

左手へのアームドラッグ

肘の少し上を掴む。

右手へのアームドラッグ

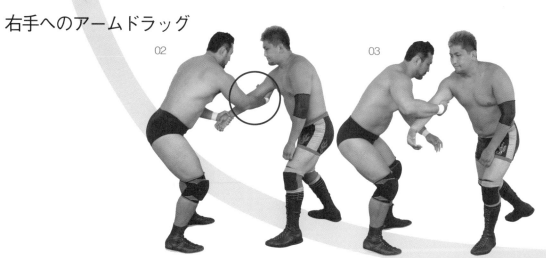

肘の少し上を掴む。

腕力ではなく、自分のステップによって生まれた力で、相手に横を向かせる。

バックへ。次のアタックに移れる体勢に。

「自分が動くな。相手を動かせ」
ビル・ロビンソン

実際の動きの中で、相手の背後に180度回り込むのは不可能です。そのため腕をたぐることで、相手を90度回転させ、同時に自分が90度回り込むことで、合計180度となり、相手の背後に回ることができます。腕の引きつけとステップを同時に行うことが重要です。

相手の腕を自分の胸に密着させることで、より大きな力を伝えられる。

手首取り＞アームドラッグ＞
ロングアームスロー

　バックを取れない場合、そのまま相手の腕を抱えてロングアームスローに変化することができます。手が出せず受け身が取れないため危険な技です。同様にバックを取らずいきなりテイクダウンするという珍しい技もあります。

手首取り＞アームドラッグ
スライディング

　アームドラッグに行きながら前方から相手の両足の間に自分の足を滑りこませつつ、同じ側の手と足を引っ張って、相手を前のめりに倒します。相手が床に手をついたらブレイクダウンに移行します。

膝を落としつつお辞儀をするように動き、相手を投げる。

ブレイクダウンへ。

相手を引き寄せる勢いでスライディング。

ブレイクダウンへ。

足で刈った相手の足に、腕をかける。

手首取り >
ダブルリストロック

　相手の手首を取ったら、ダブルリストロックでテイクダウンを仕掛けることができます。上から手首を取るため、スタンドからのリストロックは長身の人向けです。一方、前述のアームスローは、相手の下に潜り込むため、長身の人には不向きです。自分の体に合わせて技をカスタマイズすることが大事です。ここでは幾つかパターンを紹介します。

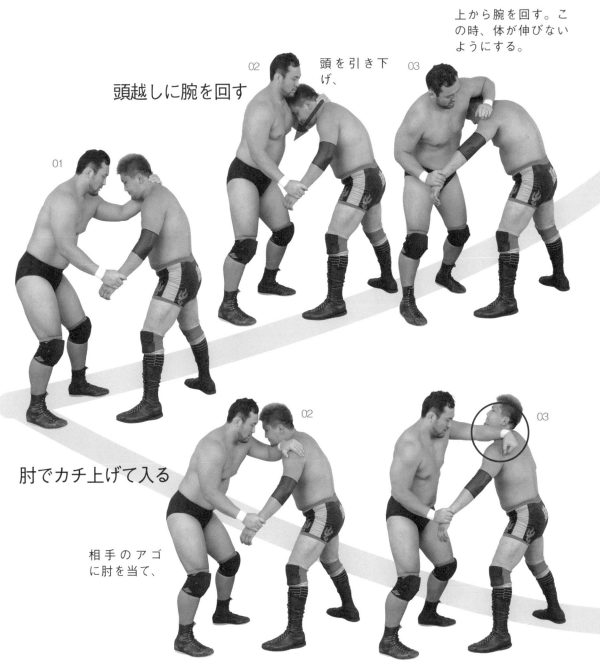

頭越しに腕を回す

頭を引き下げ、

上から腕を回す。この時、体が伸びないようにする。

肘でカチ上げて入る

相手のアゴに肘を当て、

テコを使い、相手のアゴを跳ね上げる。

深くフックし、

クラッチ。自分の肩を寄せて、できるだけ小さく畳む。

「相手の腕は小さく畳め」

ビル・ロビンソン

【リストロックの呼び名について】
ロビンソンは手首を持って腕を極める関節技全般を「リストロック」と呼んでいました。ただ一般にチキンウイングアームロックと言われているものはダブルリストロック、V1アームロックと言われているものはトップリストロックとこだわりを持って説明していました。

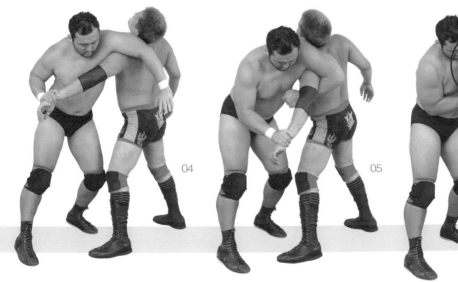

すかさず腕を差し入れ、

上と同じく、できるだけ小さく畳みクラッチ。

手首取り＞ダブルリストロック＞
テイクダウン１

ダブルリストロックからの投げです。ロビンソンからは丁寧に教わりました。相手の股の間に足の甲を入れ、相手の足下に"座る"のがポイントです。また全てに共通するのは、相手を投げたら素早くカバーにいくことです。

沈み込みつつ、左足を相手の股にフック、

相手の下に潜り込むことで投げへ、

左足で跳ね上げる。

手首取り＞ダブルリストロック＞
テイクダウン２

相手の足下、爪先のあたりに自分の背中を落としていくことでテイクダウンを奪います。

相手の足下に横たわるように潜り込む。

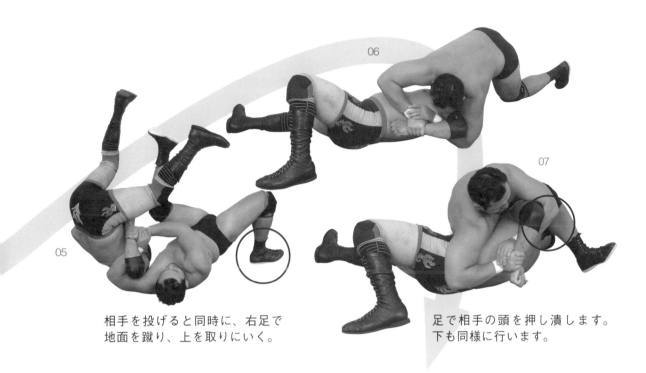

相手を投げると同時に、右足で地面を蹴り、上を取りにいく。

足で相手の頭を押し潰します。下も同様に行います。

ピンフォールまたはサブミッションフォールへ。

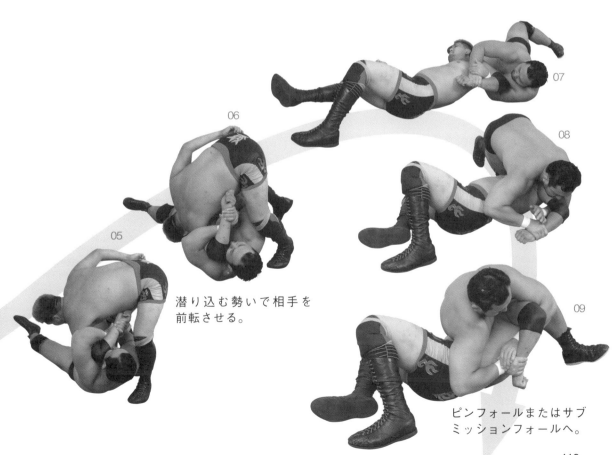

潜り込む勢いで相手を前転させる。

ピンフォールまたはサブミッションフォールへ。

手首取り＞ダブルリストロック＞
テイクダウン３

ピボットで相手を回し崩します。ポイントはピボットをする時にはリストロックする腕を体から離さず、小さく素早く回すことです。

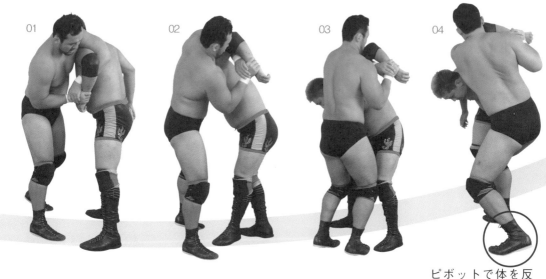

ピボットで体を反転させます。

手首取り＞ダブルリストロック＞
グレイプバイン

リストロックで相手のサイドを取れば、グレイプバインに繋げられます。左右の足を絡めるだけでなく、その後の展開のために、しっかり相手にプレッシャーをかけ続けるようにしてください。相手が踏ん張った足に自分の足を絡ませるのがポイントです。

相手の腕を背中側に回す。

ピンフォールまたはサブミッションフォールへ。

背中を押さえながら、

アームバーへ変化。

グレイプバインからのアタックへ。

121

手首取り >
フロントヘッドロック

　手首を取った体勢から相手の首を抱え込んでフロントヘッドロックに持ち込みます。ここから派生的に様々な技に展開させることができます。

01 相手と自分の足との足の距離を保ちます。

02 相手を引き寄せ、首を脇で抱え込む。

04 左手で相手の右手を抱き込むようにしてクラッチしロック。

手首取り＞フロントヘッドロック＞
テイクダウン1

　フロントヘッドロックから、自分が後ろに下がって手と膝をつかせます。この時、ジャンプして後退するとロビンソンには怒られてしまいます。相手へのプレッシャーがオフになってしまうからです。ですから「引く」よりも、下に「落とす」方に重きを置きます。下向けのプレッシャーをかけ続けることで、ブレイクダウンに持ち込むのです。

頭とお尻で三角形を作ることでプレッシャーが掛かる。

NG　膝を着いているため、プレッシャーが弱い。

膝を着かないことで、相手へのプレッシャーが増す。

手首取り＞フロントヘッドロック＞

テイクダウン２

相手の前足が近い場合は、カカトを抑えてプッシュし、尻もちをつかせます。尻もちをつかせた姿勢から直接ネックロックを狙うことも可能です。

左手を相手のカカトの裏へ。小指が床に着くくらい低く取る。手を引いて倒すのではなく、手で相手の足を床に固定させ、体全体で押し倒す。

ブレイクダウンへ。

NG 手は引かず置くだけでOK。手の位置を間違えると、しっかり固定することができない。

高すぎる。　　掴み過ぎる。

手首取り＞フロントヘッドロック＞
テイクダウン3

プレッシャーを掛けても、相手が手も膝もつかない場合。後方に投げられるチョイスがあります。ステップインして後転しながら真後ろに投げ、そのまま上を取ります。

両足を相手の両足と一直線になるように揃える。

相手の真下に深く潜り込む。

潜り込む勢いで後転、

手首取り＞フロントヘッドロック＞
テイクダウン４

相手の前足が遠い場合、足を取り、スモールパッケージホールドからピンフォールを狙うことができます。

01

02
左足を深くステップインしながら、左手を差し入れる。

03

NG 外側から手を回した状態。これでは弱くて崩せない。

別角度

04
左手で相手の膝裏でフックし回転。

05

06

07
上を取りブレイクダウンへ。

手首取り＞フロントヘッドロック＞
テイクダウン５

　前足が近い場合、足を取り、膝に肩を当てて倒します。相手の立ち方によっては、方向を変えて押し倒してもよいでしょう。ロビンソンはこれで対戦相手の膝を壊したことがあります。

クラッチを解いて素早く足下へ。

カカトを抑える。この時、手は引かず、固定するだけ。

足の力で肩からタックルするように押し倒す。

ブレイクダウンへ。

手首取り＞フロントヘッドロック＞
ハーフハッチ

　首を取り、アンダーフックに成功したらハーフハッチ（片羽固め）に移行できます。ハーフハッチも派生技が数多く存在します。ポイントは抱えた腕を絞り込むことです。またハーフハッチはブレイクダウンでも多用される基本技術のひとつです。

「自分の腕を
相手の背中に巻きつけろ」
ビル・ロビンソン

大きく背中を手でまたぐように腕を大きく回し、相手の腕を抱える。回転が小さいと相手の抵抗に負けるので注意。

手首取り＞フロントヘッドロック＞
ハーフハッチからのテイクダウン1
ハーフハッチを取ってからピボットでテイクダウンします。

体を捻るのではなく、ピボットで全身の力を使い、相手を自分がいた場所へ落とす。

ピンフォールまたはブレイクダウンへ。

手首取り > フロントヘッドロック >

ハーフハッチからのテイクダウン2

相手が強く抵抗した場合、その反動を利用して反対側の腕にハーフハッチを切り替え、そのままピボットでテイクダウンすることもできます。相手が片足で耐えた場合は、反対側を狙うとよいでしょう。どうしてもテイクダウンを奪えない際は、再びフロントヘッドロックに戻して、別の技にトライしてもよいでしょう。

01
02 相手が強く抵抗、
03 抵抗する勢いを使い相手の首を右から左へスライドする。
04 そのまま反対側の腕でハーフハッチ。
05 ピボットで反転、倒す。
06
07
08 ピンフォールまたはブレイクダウンへ。

手首取り＞フロントヘッドロック＞
ハーフハッチからのテイクダウン２

別角度

相手が強く抵抗、

腕を戻す力を利用して、

首を反対の脇へスライドして抱え、

反対側の腕をハーフハッチ。

手首取り＞フロントヘッドロック＞
ハーフハッチからのダブルアーム

相手が両足で踏ん張った場合、ハーフハッチからダブルアーム（両腕取り）に切り替えて、ダブルアームスープレックスに入ることもできます。

クラッチは左手で深く取り、相手の首を固定して崩すことができる。背中の真ん中ではない。

手首取り＞フロントヘッドロック＞

ロール

後転しながらブリッジし、その勢いでテイクダウンします。

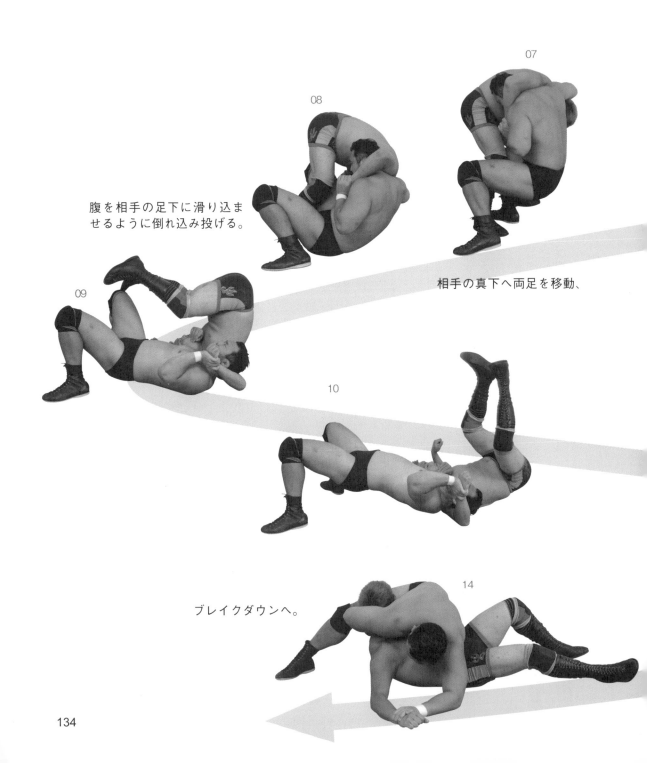

腹を相手の足下に滑り込ませるように倒れ込み投げる。

相手の真下へ両足を移動、

ブレイクダウンへ。

相手の両足の間にステップイン。

ブリッジすることで、相手をしっかり抑える。

手首取り＞アームドラッグ＞

グレイプバイン

　アームドラッグ、ダックアンダーともに、バックまで回り込めない局面からも様々なテクニックに展開させることができます。グレイプバイン（足絡め）もそのひとつです。相手のサイドから足を絡めてバックを取ります。ブドウのツタが絡む様に似ていることが名前の由来のようです。左右どちらの足でも絡めることができ、どちらがバックを取るのに近いかで使い分けます。グレイプバインから多くの技への展開があり、ブレイクダウンでもしばしば用いられます。

ステップインできた場合

ステップインが浅い場合

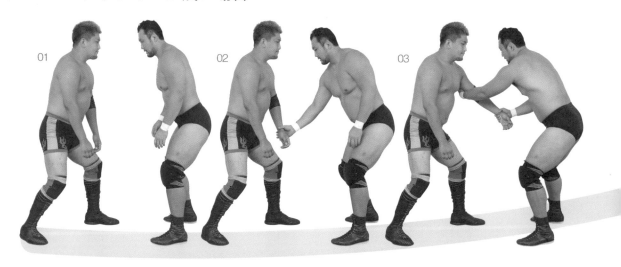

自分の上半身を、背後に出す。

自分の股間を、相手の腰に。

「巻き付けた足に重心をかけろ」

ビル・ロビンソン

相手の左足に体重をかけ、座るようにしてプレッシャーをかけ、首をキャッチ。

右足を絡め、

グレイプバイン。

手首取り ＞ アームドラッグ ＞ グレイプバイン ＞
レッグスプリット

　グレイプバインで倒した後、絡めた足で相手をしっかりとコントロールできていることが重要です。倒してからのブレイクダウンは相手の倒れ方や倒れた時の位置関係、角度によって変化します。そうやって相手にディフェンスポジションを取らせず、ブレイクダウンやフォールに持ち込むようにします。テイクダウンとブレイクダウンを切り分けることなく、同時に仕掛けられるのがグレイプバインの特徴かも知れません。

グレイプバインから、　　左足をまたに差し入れ、　　倒れ込む。

NG 相手の近くに体を入れないと、動きが大きくなり、逆に潰されてしまう。

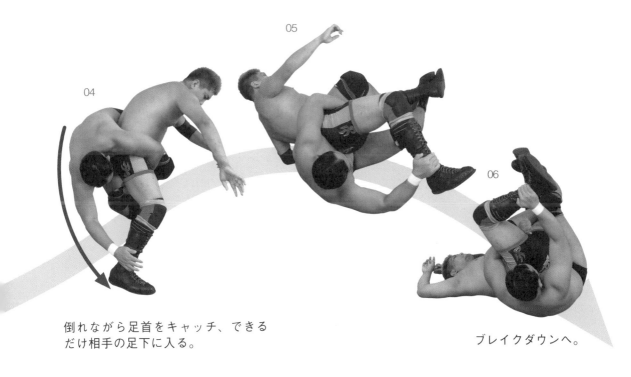

倒れながら足首をキャッチ、できるだけ相手の足下に入る。

ブレイクダウンへ。

「相手の足下に自分の体を入れろ」
ビル・ロビンソン

手首取り＞アームドラッグ＞グレイプバイン＞

卍固め

　立った状態でのグレイプバインからは、いくつかのプロレスの技が派生します。ポピュラーな技のひとつ卍固めもまたグレイプバインの発展系です。絡めた足から体重を乗せて、相手をしゃがませるようにします。完成すると技をかけている側の足は宙に浮きます。このまま倒れると技を受けている側の足が折れてしまいますので注意します。

左足をしっかり巻き付けることにより、自分の重心を相手にかける。

首を足でフック。

NG　足が相手の首に巻き付けていないため、コントロールできない。また足が床に着いた状態では相手へのプレッシャーが弱く、潜り込まれ持ち上げられてしまう。

相手の右腕を左脇に抱え込み、

完成。左足が宙に浮いていないと効果がない。

手首取り＞アームドラッグ＞グレイプバイン＞
クロスフィックス

　グレイプバインから反対側の手を取ることでクロスフィックス（プロレスではコブラーツイスト）にいくこともできます。絡めた足に座る様にして体重をかけて相手の足を固定します。CACCでは主に寝た状態で多く見られます。

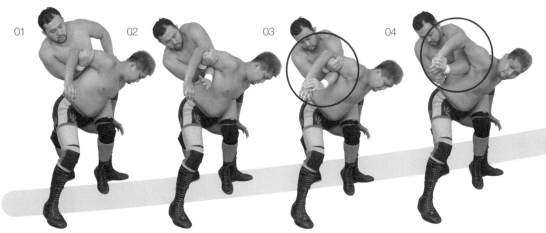

相手の手を遠くに伸ばす。

手首取り＞アームドラッグ＞グレイプバイン＞
クロスフェイス

　相手が強いクラッチで抵抗する時は、顔面をクロスフェイスに極めるのも有効です。

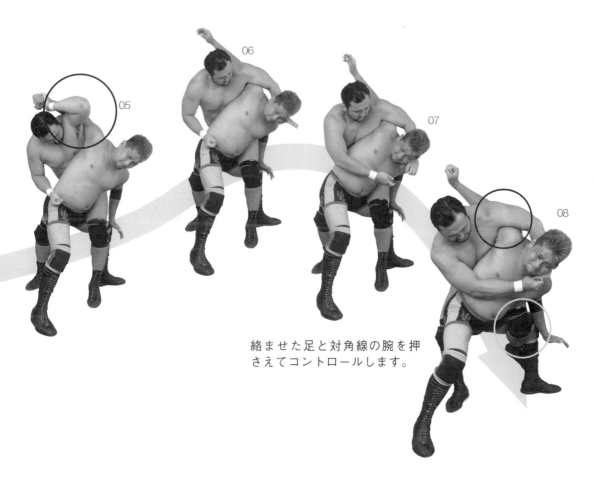

絡ませた足と対角線の腕を押さえてコントロールします。

バックを取った時のポイント

スタンドでの有利なポジションといえば、やはりバックです。一番安全で、一番強い、ポジションの大本命と言えます。バックを取ってからの展開は、後ろへ崩すラテラルと前に崩すレッグダイブ・ピックアップの二種類に大別されます。ここではアームドラッグやダックアンダー等でバックを取れた際のアタックを紹介します。

「頭を出したサイドの
　相手の足に体重をかけろ」
ビル・ロビンソン

耳を相手の腰につける。自分の腕が少し斜めになるようにクラッチすることで、相手の足の動きを制することができる。

ただホールドするだけではなく、しっかり足へプレッシャーをかける。

適度な距離が大事。

バック>
ラテラル

　ラテラルは両足で相手の両カカトを固定し、その場にしゃがみ込むようにして相手を後ろへ崩す技術です。

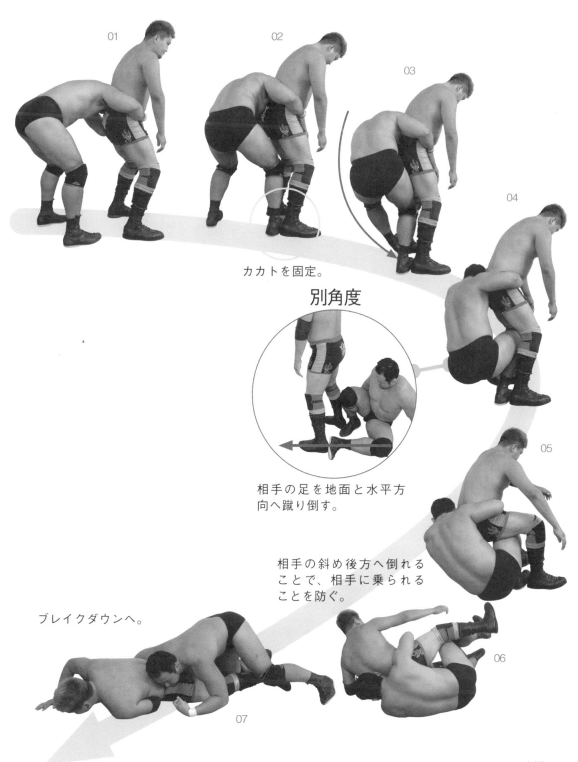

カカトを固定。

別角度

相手の足を地面と水平方向へ蹴り倒す。

相手の斜め後方へ倒れることで、相手に乗られることを防ぐ。

ブレイクダウンへ。

バック＞
ピックアップ

相手を持ち上げて、胸の上で横向きにし前方に落とします。

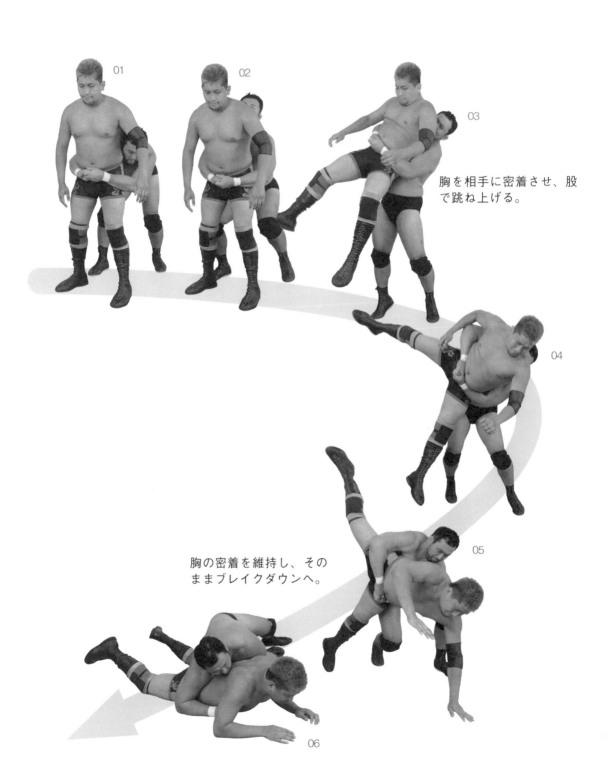

胸を相手に密着させ、股で跳ね上げる。

胸の密着を維持し、そのままブレイクダウンへ。

バック>
ダブルレッグダイブ

相手を持ち上げられない場合は、すかさず手を足首に移動させレッグダイブに切り替えられます。膝は着かず、短距離走のクラウチングスタートのように前方へダッシュし相手を倒します。

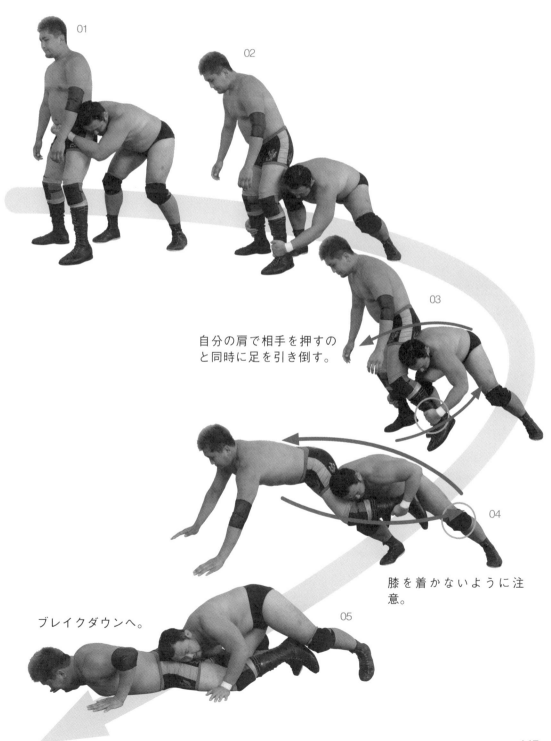

自分の肩で相手を押すのと同時に足を引き倒す。

膝を着かないように注意。

ブレイクダウンへ。

バック＞
ヨーロピアンクラッチ

　バックから相手の足の間から自分の足を入れます。この足をつかんできた手を取って相手を倒します。そこからプロレス技のヨーロピアンクラッチに移行できます。

相手の取りやすいところへ足を移動。

前方へのロールを狙い足を取りに来たところを、

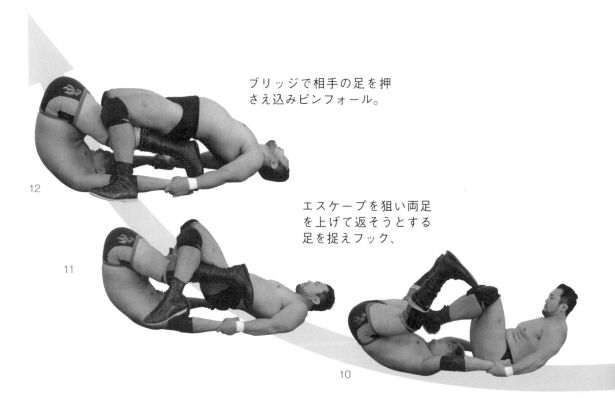

ブリッジで相手の足を押さえ込みピンフォール。

エスケープを狙い両足を上げて返そうとする足を捉えフック、

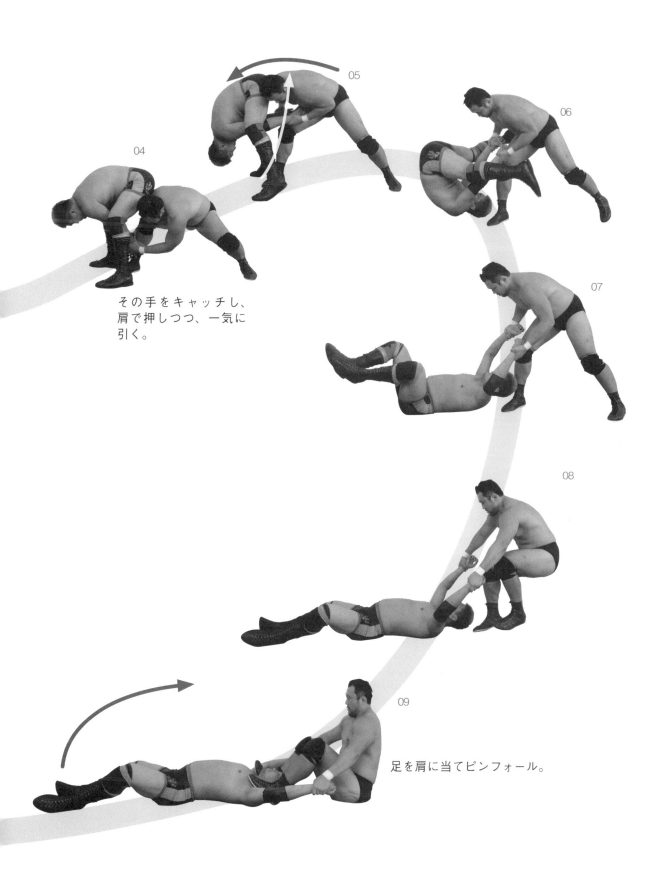

その手をキャッチし、肩で押しつつ、一気に引く。

足を肩に当てピンフォール。

カラーアンドエルボー >
アームスロー

カラーアンドエルボーから直接、アームスローを狙うこともできます。

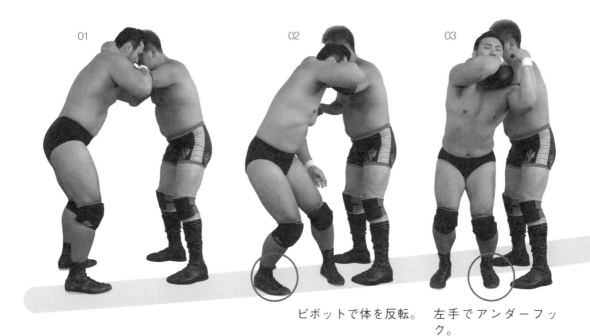

ピボットで体を反転。　左手でアンダーフック。

自分の膝の間に、頭を入れるようにお辞儀をする。

別角度

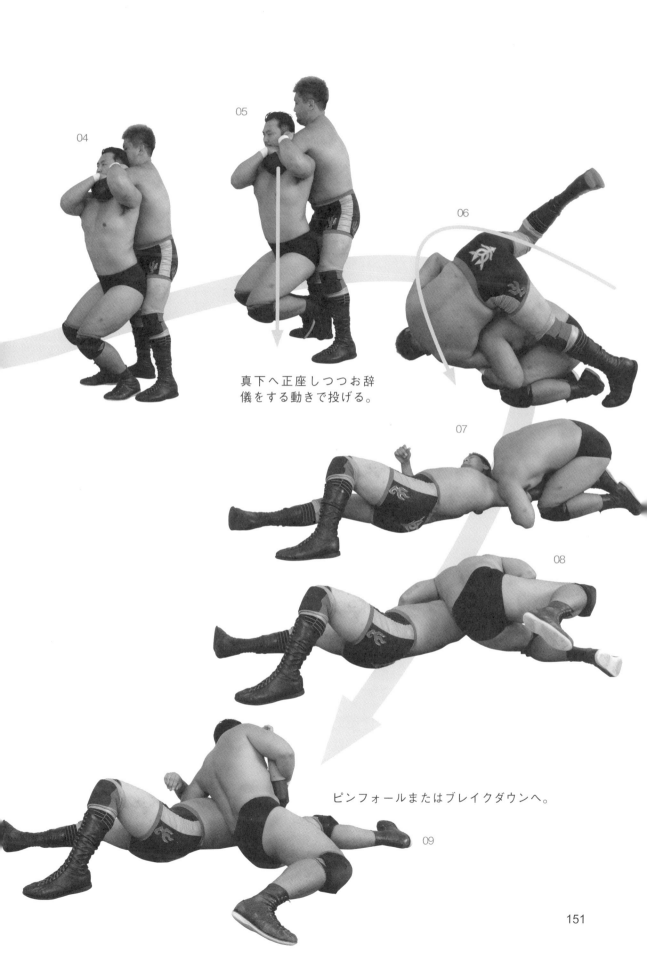

真下へ正座しつつお辞儀をする動きで投げる。

ピンフォールまたはブレイクダウンへ。

カラーアンドエルボー＞
前へのラテラル

　実際の攻防の中では、カラーアンドエルボーが外れ、密着することもあります。ここではそうした場合の例をいくつか紹介します。

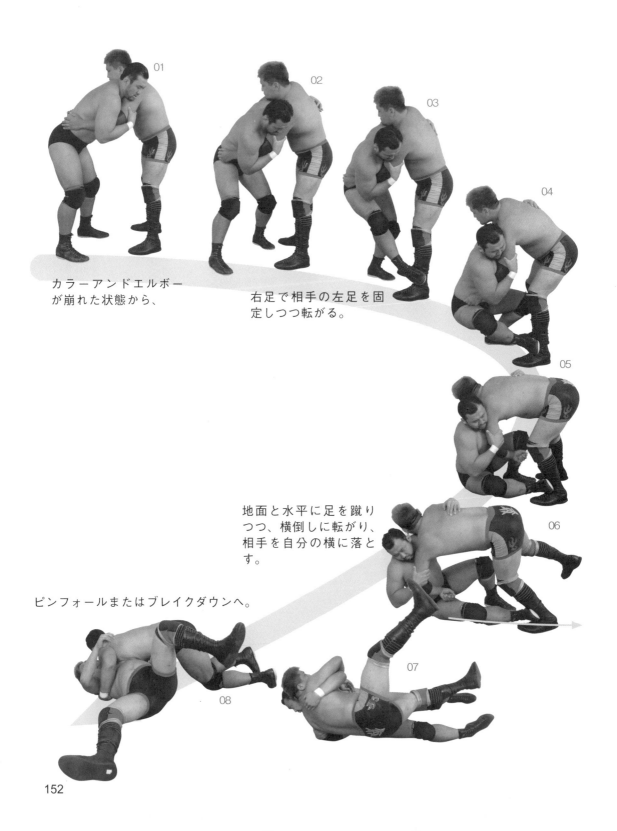

カラーアンドエルボーが崩れた状態から、

右足で相手の左足を固定しつつ転がる。

地面と水平に足を蹴りつつ、横倒しに転がり、相手を自分の横に落とす。

ピンフォールまたはブレイクダウンへ。

カラーアンドエルボー ＞ オーバフック ＞

タップ ニー

オーバーフックで相手の肩回りを持てなかった場合、相手の膝を手で抑え固定することで投げる技術です。

カラーアンドエルボーが崩れた状態から、

左手で相手の左膝を抑え固定、ピボットで反転、

相手の脇を深く差し、お辞儀をしつつ相手の下に潜り込み、

テイクダウン。

後ろからのクラッチ切り

　ここでは相手のクラッチを切る方法をまとめて紹介しています。実際にはバックからのクラッチの場合は、そのまま投げられる恐れがあるので、素早くディフェンスポジションに切り替える必要があるのですが、分かりやすさを優先して立った状態で行っています。

相手の手を上から取り外すパターン

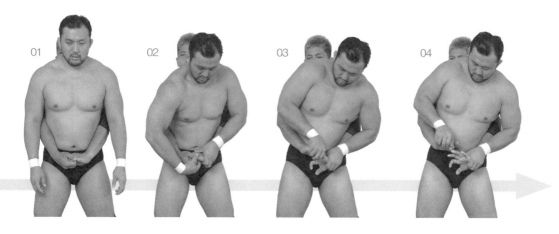

相手の指を取り外すパターン

アームバーへいくパターン

前からのクラッチ切り

脇を締めて重心を下げながら、少し後ろへ下がることで相手の腕を伸ばし、クラッチの効きを弱くしたうえで両腕で切る。

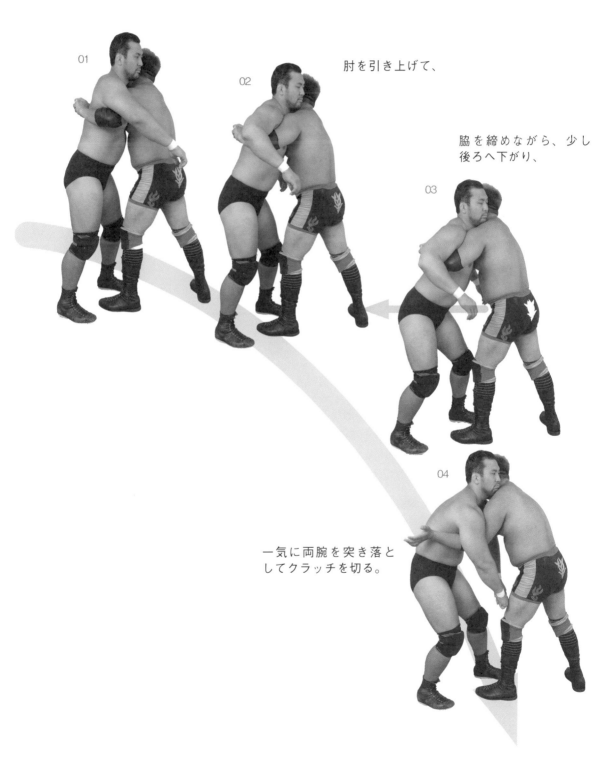

肘を引き上げて、

脇を締めながら、少し後ろへ下がり、

一気に両腕を突き落としてクラッチを切る。

ピックアップのポイント

　相手を持ち上げるコツは、しっかり密着しお腹で跳ね上げるようにすることです。腕力や背筋力で抱き上げようとすると、とても重く感じられますが、お腹の跳ね上げでは相手を軽く浮かせることができます。ワンハンドブリーカー等も同様の原理で相手を浮かせています。

二人組でのバック取りのエクササイズ

1．カラーアンドエルボーで組み合う。
2．お互いにアームドラッグやダックアンダーなどを用いてバックを取り合う。
3．どちらかがバックを取ったら終了し、カラーアンドエルボーから再スタート。

※肘の代わりに手首を取ったりなど、スタートの組み方を変えてみてもよい。

一つの技に固執しない

　テイクダウンのポイントを一つ挙げるとしたら、固執しないということです。もちろん一つ一つの技に対して100パーセントの精度を求めますし、確実に取りにいきますが実戦ではそううまくいきません。むしろ失敗することの方が多いでしょう。もし一つの技が120パーセント仕上がっていたとしても、他の技が30パーセントくらいだったらどうしても120パーセントの技に固執してしまいます。この時、全ての技が100パーセントの仕上がりなら、例え一つ失敗しても他の技に切り替えることができます。こうした精神的な余裕が持てるように練習を積み重ねていくのです。

　ですから、ロビンソンには最初から別の技に切り替えるつもりで何らかの技を仕掛けるのはダメだと言われました。なぜなら100パーセント取るつもりで仕掛けないと、相手から本物のリアクションを引き出すことができないからです。

　フェイクを仕掛けてもそれがフェイクだと気付かれたら、相手のリアクションにこちらが騙されてしまうこともあり得ます。相手から本当のリアクションを引き出すには、こちらも本物の技を仕掛けないといけないのです。

　私は「先の後の先」という感覚なのですが、もちろん最初の「先」を成功させるマインドで仕掛けるのが大前提です。その上で出てきた相手のリアクションに対応できるよう練習するの

ロビンソン先生が使っていたサポーター。

です。

　技を覚えるだけならそれほど難しくありません。物覚えのよい人なら本や動画を見るだけで覚えることができるでしょう。でもそれをいつでも自分のカードとして出せるようにしなくてはいけません。それも２、３枚だけでなくたくさんのカードをザーッと並べて、その内の一つを相手に選ばせるようにします。もしこれが一つだけなら、相手はその一つに対して全力で対処しようとするでしょう。それではこちらが負ける可能性が高まります。でも選択肢が４つあれば、相手の力を４分の１ずつに分散することができます。そうやってたくさんのカードを提示するほど、相手の力を削ぐことができるのです。

　その内の一つを相手が選んだらまた新しい選択肢を提示する。それを次から次へと仕掛けていけば相手は少しずつ選択ミスを積み重ねていって、不利な状況へと追い込まれていきます。もちろん相手もカードを出してきますが、それより多くのカードをこちらで持っておきたいのです。もし相手の方がたくさんのカードを持っているなら、対等な状態に戻していくようにします。こうした動きをできるようにするためにも、ニュートラルな姿勢でいることが大切です。ニュートラルとは、どんな動きでもすぐに始められるということですから。たくさんのカードをざっと出すのに、最も適した状態なのです。

　ただこうしたことを、ロビンソンが言葉で説明したわけではありません。スパーリング中にロビンソンからもらったアドバイスを、私がこのように解釈して使っているということです。

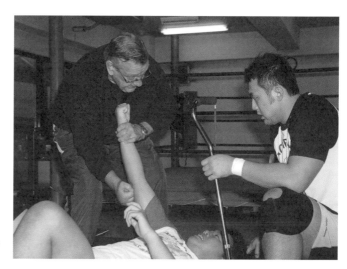

2008年11月　プロデビュー直前、
ロビンソン先生の指導を受ける筆者。

第3章
ブレイクダウン

・ブレイクダウンのポイント
・仰向けからディフェンスポジションへ
・ディフェンスポジションからの展開
・ピンフォール各種

ブレイクダウンのポイント

ブレイクダウン

　テイクダウンを取られた時の体勢には色々とあります。しかし崩れた体勢を立て直すために、必ずディフェンスポジションを経由することになります。そのためCACCでは、ディフェンスポジションでの攻防が「ブレイクダウン」として高度に発達することになりました。ブレイクダウンはビル・ロビンソンもその師匠であるビリー・ライレーもきわめて重要視しており、ロビンソンには「いくらテイクダウンを見事に決めても、そのあとコントロールできずにいたら意味がない」とよく言われました。これはスープレックスも同様で、きれいに投げが決まっても気を緩めず、すぐにフォールに入らなくてはいけません。ロビンソン自身の試合を見てみれば、スープレックスを決めた後そのままコントロールし続けているのが見てとれるでしょう。CACCではテイクダウンの後にこそ、シビアな攻防が展開されます。倒れた相手をコントロールし、確実にフォールへとコマを進めていく。それがブレイクダウンです。

ディフェンスポジションからの展開

　ディフェンスポジションの相手を攻める展開は、前からがぶったパターンとバックについたパターンの2系統に大別できます。攻める側もディフェンスする側も多彩なテクニックがありますが、ともに原則は「止まらない」ことです。動きを止めることなく、相手のリアクションを利用して少しずつ自分を有利にしていきます。オフェンス側はギャンブル的な勝負はなるべく仕掛けず、8：2できれば9：1くらい優勢になってからピンフォール、あるいはサブミッションフォールを取りにいきます。もし最後のアタックに失敗した場合、コントロールが不完全だと逆転を許してしまうことになるでしょう。しかし相手をきっちりコントロ

ールできていれば再アタックが可能になります。ディフェンス側も身体を動かし続け、一発逆転を狙うのではなく、まずは立って相手と向かい合ったイーブンの状態を取り戻すようにします。

自分がディフェンスポジションの場合の展開例

イーブンに戻す。

バックを取る。

相手がディフェンスポジションの場合の展開例

サブミッションフォールへ。

ピンフォールへ。

ディフェンスポジション

　テイクダウンされ、倒されたり尻もちをついたりした状態は、相手より不利な状況といえます。そこからイーブンに戻すには、必ずディフェンスポジションを経由することになります。そのためディフェンスポジションでは、立とうとするディフェンス側と、そうさせまいとするオフェンス側の激しい攻防が展開されます。

●腕を伸ばす
腕を伸ばし床に垂直に立てることで、上からのプレッシャーに耐えやすくなる。ロビンソンは「腕を柱にする」と教えていた。

●背中を伸ばす
テーブルのように上からのプレッシャーに耐えるため、背骨をまっすぐに伸ばす。

●膝は肩幅
膝から骨盤を垂直に立てる。つま先も立てるのはすぐに動けるため。

●手を握る

　かつてロビンソンは指を広げてディフェンスポジションを取った時に指を折られたことがあります。それ以来、ロビンソンは手を握るようになりました。ルールで守られた現在の総合格闘技では指を取られることはほぼありませんが、ここはロビンソンの教えに準じます。

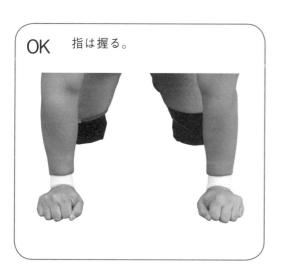

OK　指は握る。

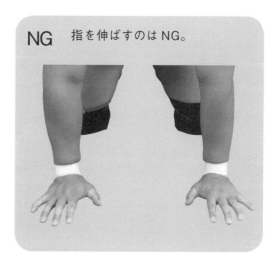

NG　指を伸ばすのはNG。

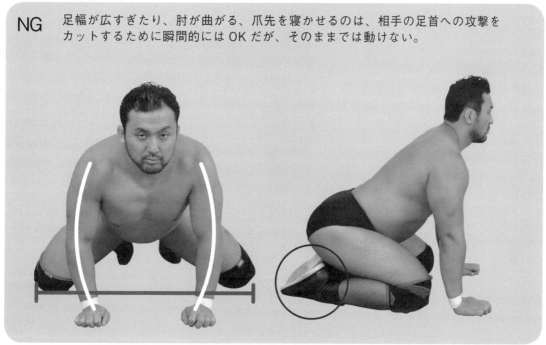

NG　足幅が広すぎたり、肘が曲がる、爪先を寝かせるのは、相手の足首への攻撃をカットするために瞬間的にはOKだが、そのままでは動けない。

仰向けからディフェンスポジションへ1

　ピンフォールで決着が着くCACCでは、仰向けは絶体絶命の状態です。即座にうつ伏せになり、まずディフェンスポジションを目指します。うつ伏せに倒れた場合も同様に、すぐに手足を引きつけてディフェンスポジションになります。

頭・肩を抑えられた場合

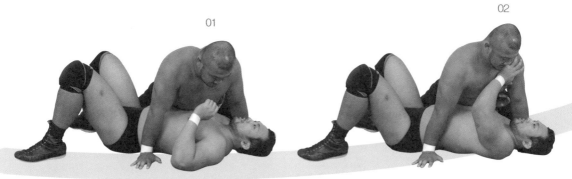

すかさず左手を入れて相手をブロック、空間を作る。

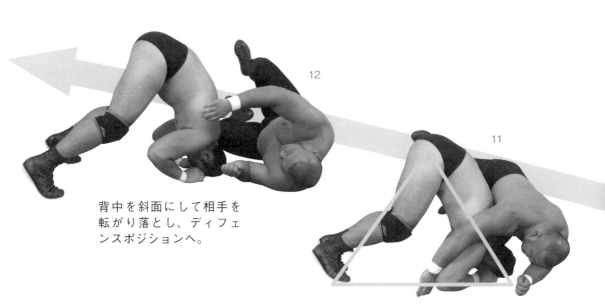

背中を斜面にして相手を転がり落とし、ディフェンスポジションへ。

腰を上げ、三点倒立のように三角形を作る。

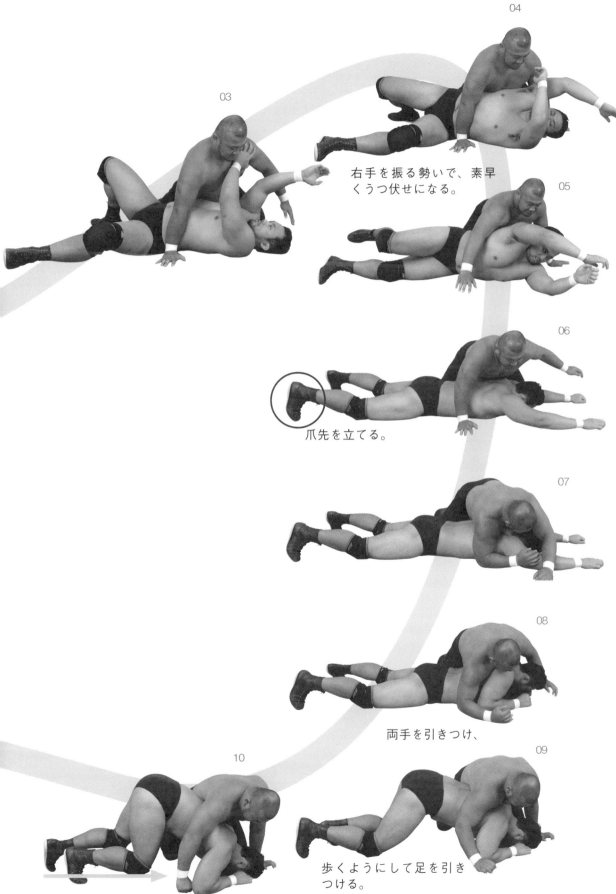

仰向けからディフェンスポジションへ2

　握った手は踏まれれば骨折しますし、伸ばした腕も取られたり肘を折られたりといったリスクがあります。爪先を立てるのも、上から踏まれたらダメージを受けるでしょう。このようにディフェンスポジションの要点には防御に適さないものがいくつかあります。なぜならディフェンスポジションは名前こそ「ディフェンス」がついていますが、柔道の「亀」のように攻撃を耐えしのぐためのものではありません。立ち上がって素早くイーブンの関係に戻すため、防御よりも動きやすさを優先しているのです。ディフェンスポジションになっても気を弛めず、すぐイーブンに戻すようにしましょう。

相手が背中に乗ってきた場合

左手を入れて相手をブロック、空間を作る。

ディフェンスポジションへ。

お尻の方向へ相手を落とす。

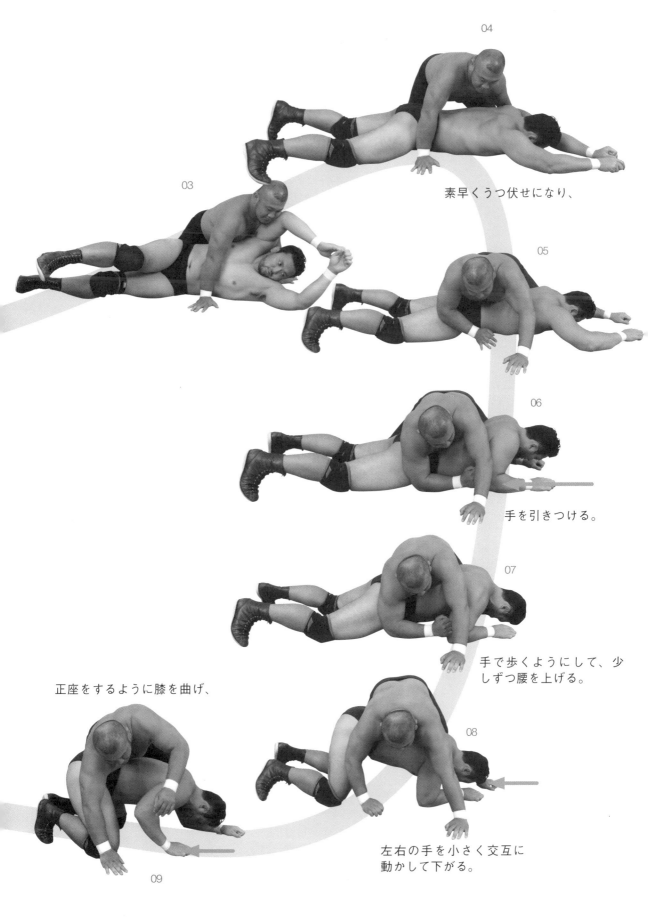

素早くうつ伏せになり、

手を引きつける。

手で歩くようにして、少しずつ腰を上げる。

正座をするように膝を曲げ、

左右の手を小さく交互に動かして下がる。

ディフェンスポジションからのイーブンへ1

　ディフェンスポジションになってフォールの危機が遠のいたとはいえ、まだまだ不利であることには変わりありません。ですから引き続きイーブンに戻すためのアクションを仕掛ける必要があります。まずは立つことを目指し、それが出来なかったら立てる位置に移動します。それも無理ならスイッチやアームスローなどで上下の入れ替えを試みるのも手です。相手のリアクションに応じてこれらを切り替えながら絶え間なく動き続けることで、不利な状況を少しずつ改善していきます。

後方からアタックされた場合

相手の手を取り、

しっかり固定しつつ、自分の左足に体重を乗せることで、右足をフリーにする。

「自分が立ち上がるときが一番強い態勢だ。しかしそこで止まってはいけない」
ビル・ロビンソン

相手に正対してイーブンに。

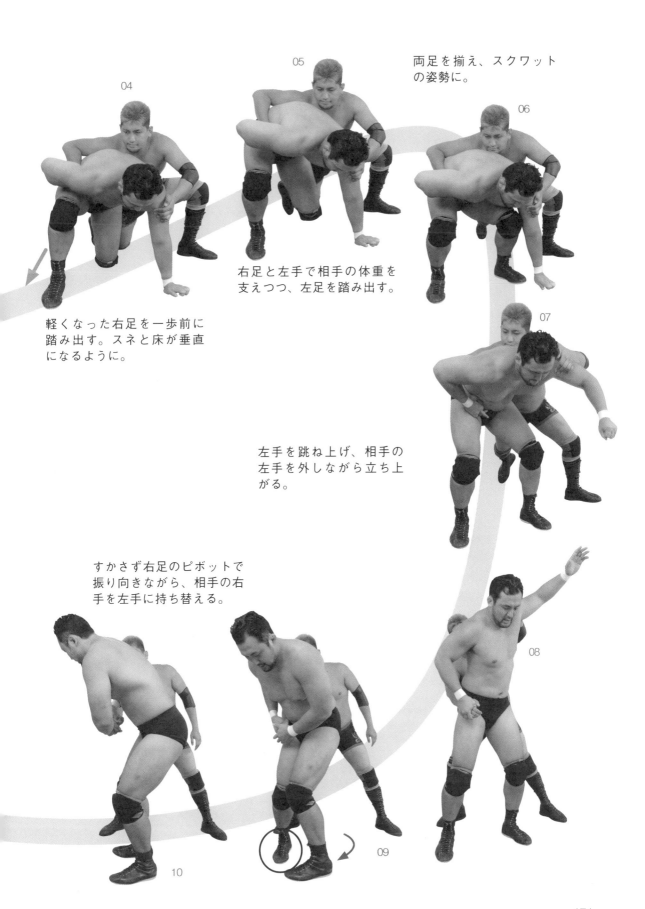

ディフェンスポジションからのイーブンへ2

後方からアタックされた場合

腕を柱にして体を支える。

相手に正対してイーブンに。　　　右足のピボットでさらに
　　　　　　　　　　　　　　　1/4回転、

「足をT字にしろ」

ビル・ロビンソン

左足のピボットで、右足を軸に
1/4回転するように踏み出す。

ディフェンスポジションからのイーブンへ3

　プレッシャーが強くて立てない時などは他のテクニックを用います。相手に腰を引かれてスクワットポジションになれない場合、相手の肘を抑えつつ左膝をついたまま膝のピボットをします。こうして低い姿勢で相手と向き合って立ち上がります。まずは立つのが優先ですが、それができない場合はまず低い姿勢のまま向き合い、その後に立つ方法があります。

後方からアタックされた場合

「まず、イーブンに戻せ」
ビル・ロビンソン

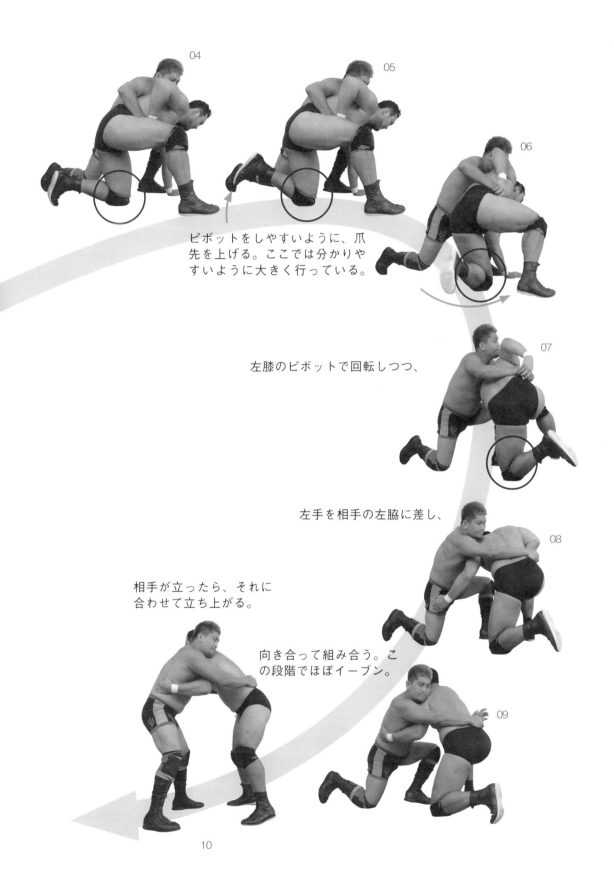

ディフェンスポジションからのイーブンへ4

後方からアタックされた場合

ディフェンスポジションのまま、足を使って前方へダッシュ。

四つん這いダッシュ

シンプルですが効果的なのがこの方法です。相手のプレッシャーが強い時、前方に四つん這いでダッシュすることで、プレッシャーから逃れることができます。

相手に正対してイーブンに。

左足のピボットでさらに1/4回転。

相手のプレッシャーが緩んだら、すぐに相手の右手をキャッチして立ち上がる。

右足のピボットで1/4回転。

ディフェンスポジションからのイーブンへ5

後方からアタックされた場合

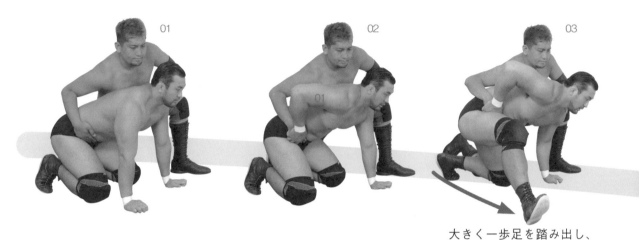

大きく一歩足を踏み出し、

ロングシットアウト

スライディングによってなるべく距離をとって立ち上がります。一人での練習にも適したテクニックです。

「できるだけ相手から遠くに離れろ」
ビル・ロビンソン

イーブンに。

できるだけ遠くに肘を着き、地面を肘で掻きながら左足を出す。

右足で床を蹴りながら、左足を大きく前にスライディング。

素早くうつ伏せになり、立ち上がる。

ディフェンスポジションからのイーブンへ6

後方からアタックされた場合

右膝を立て、

グランビーロール

前転して距離をとり、イーブンに戻します。グランビーロールにいくと見せかけて、ロングシットアウトにいくなど、フェイントとしても使えます。

自分の股間に体を滑り込ませるイメージで両肩で側転をするように回転。この時、掴んだ右手は離さず相手を崩す。

相手の右手を右手で掴み、

相手が崩れ、回転で十分なスペースができたところで右手を離す。

ディフェンスポジションからのイーブンへ7

後方からアタックされた場合

足首を掴まれた際の対処①「足を蹴り出す」

オフェンス側が上から足首を掴んでくる場合があります。その場合のエスケープ法には次のようなものがあります。ここでは二つ「足を蹴り出す方法」と「ショートシットアウト」を紹介します。

掴まれた足を後方に蹴り出すことで外す。

ディフェンスポジションからのイーブンへ8

後方からアタックされた場合

足首を掴まれた際の対処②
「ショートシットアウト」

左手に体重を乗せ、腰を浮かし切る。

右手で相手の右手を掴み、外へ外しつつ反対方向へ腰を切る。

腰を切る勢いを利用し、左膝のピボットで反転、

相手に向き合う。

すぐに立ち上がりイーブンに。

ディフェンスポジションからのアームロール

　ショートシットアウトで相手の手を自分に巻きつけ、前転するように回転してピンフォールに持ち込みます。CACCを学び始めて間もない生徒にロビンソンが教えていた技です。

後方からアタックされた場合

相手の右手を掴み、

右足と左手で体を支え、相手の右腕を深く抱え込み、右側へショートシットアウト。

NG 相手の右腕の抱え込みが浅いと、回転に相手がついてこず、逆に相手にチャンスを与えてしまう。

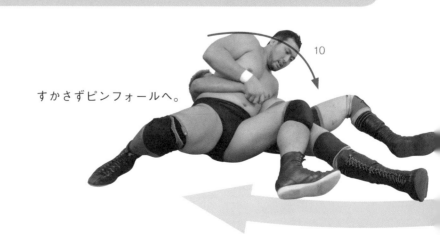

すかさずピンフォールへ。

ディフェンスポジションからのスイッチ

シットアウトして向きを変え、そのまま相手の背後を取り返します。

後方からアタックされた場合

右足を立てる。

左手で体を支え、左足を踏み出す。

バックを取り返す。

ディフェンスポジションからのアームバー

アマレスなどでは足を取りにいくこともありますが、筆者は脇固めを取りにいくケースが多いです。筆者はロングシットアウトにいくフェイントで多用しています。

後方からアタックされた場合

右膝を立て、背中で相手の脇を差す。

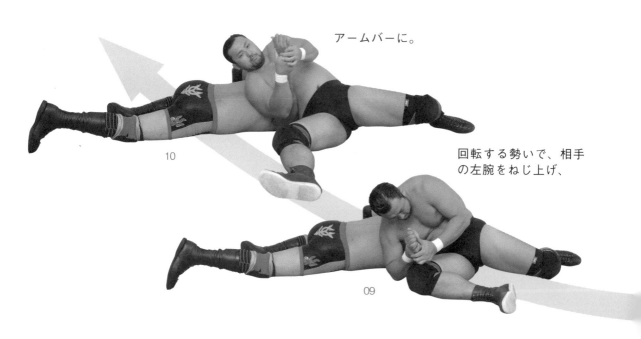

アームバーに。

回転する勢いで、相手の左腕をねじ上げ、

相手の右手を右手で掴み、

掴んだまま潜り込むように両肩で側転。

自分の脇で相手の肩口を抑えつつ、相手の左手を引き上げ、

ディフェンスポジションからのリストロック

後方からアタックされた場合

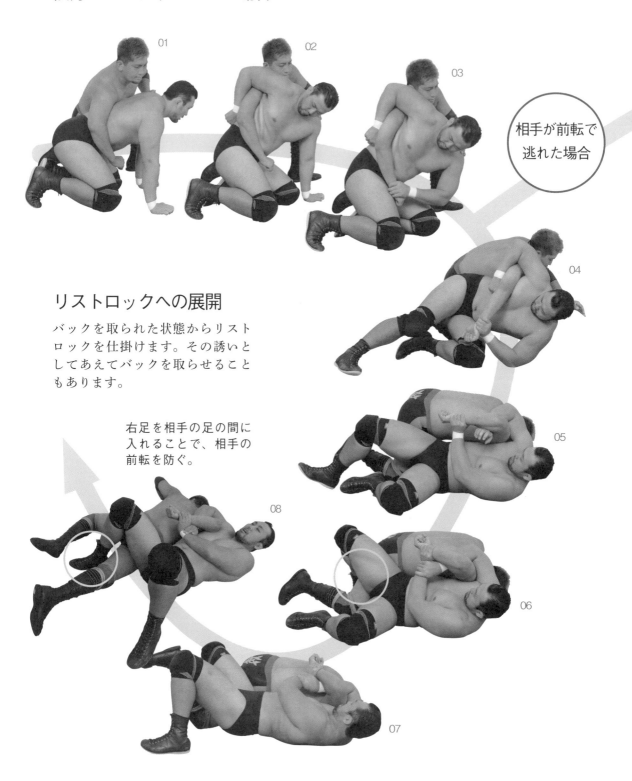

相手が前転で逃れた場合

リストロックへの展開

バックを取られた状態からリストロックを仕掛けます。その誘いとしてあえてバックを取らせることもあります。

右足を相手の足の間に入れることで、相手の前転を防ぐ。

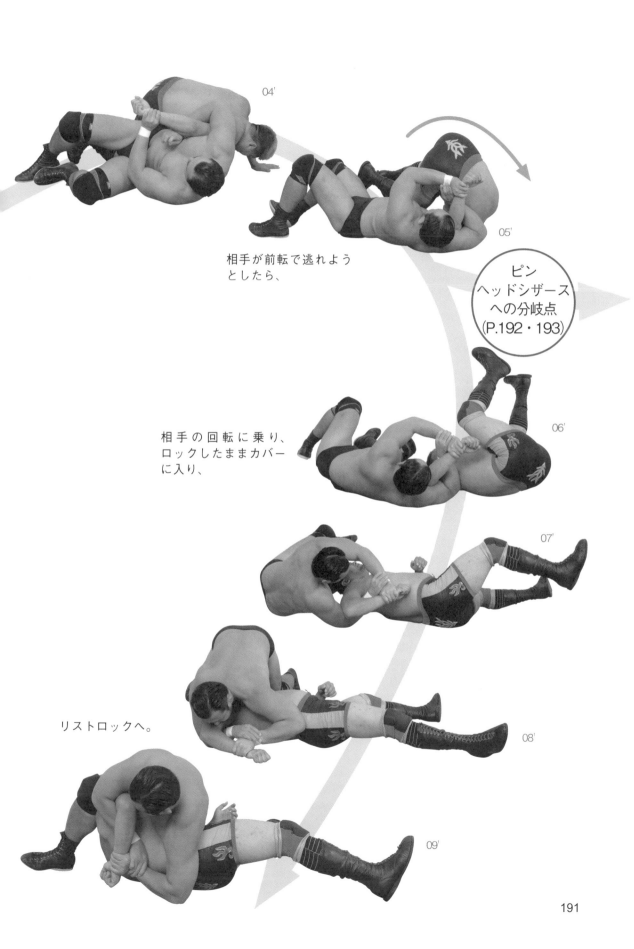

リストロックからピンフォールへの展開

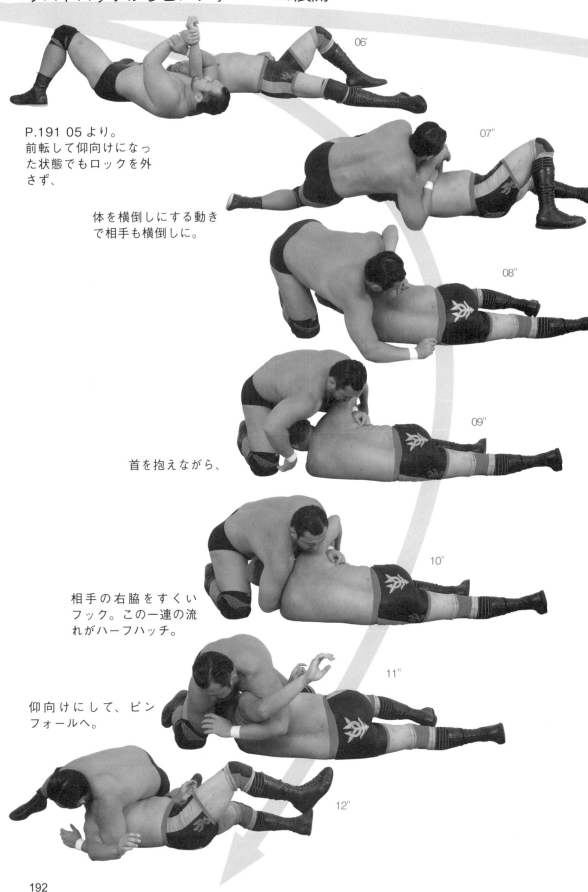

P.191 05より。
前転して仰向けになった状態でもロックを外さず、

体を横倒しにする動きで相手も横倒しに。

首を抱えながら、

相手の右脇をすくいフック。この一連の流れがハーフハッチ。

仰向けにして、ピンフォールへ。

P.191 05 より。

リストロックから
ヘッドシザースへの展開

フォールから逃げた相手をもう一回フォールする際にヘッドシザース系は活用できます。首を守るために仰向けの体勢に戻るリアクションを引き出すことができますし、そのまま首を極めてサブミッションフォールを取ることも可能です。

相手が抵抗しうつ伏せにできない場合は、

抵抗するリアクションを利用し、足で頭を挟み、

右膝をこめかみに、左膝をアゴに当て、挟んだ状態で首をひねり極める。

別角度

ディフェンスポジションからのスイッチ

相手に正面から押さえ込まれた場合、頭を抑えられるため、直接立つのはかなり困難です。そのためシットアウトやスイッチ、タップニーなど、自分のポジションを入れ替えたり、相手のバランスを崩して転ばせたりして、イーブンに戻します。

前方からアタックされた場合

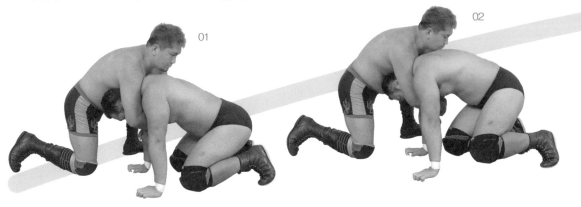

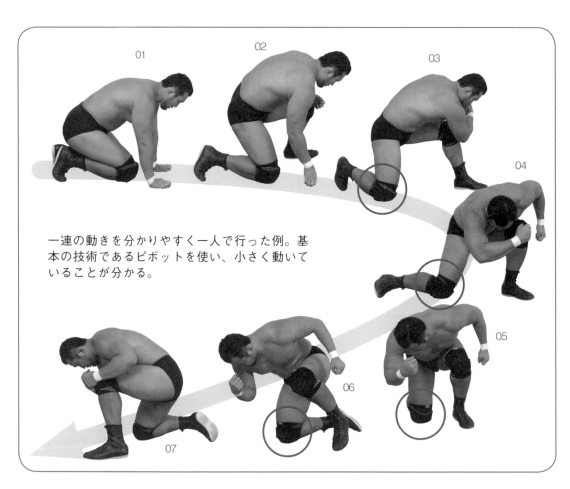

一連の動きを分かりやすく一人で行った例。基本の技術であるピボットを使い、小さく動いていることが分かる。

相手の肘を掴み、左足を踏み出しで体全体で前に出る。これにより自分が動けるスペースを作る。

右手でも相手の肘を掴み、

右膝でピボットしながらアームドラッグ。

「止まらずに動き続ける」
ビル・ロビンソン

手を大きく振ることで、より回転しやすくなる。

後ろに回り込み、

バックを取る。

ディフェンスポジションからのシットアウト

外を向くようにして感じで体育座りになり、そのまま腕を巻いてバックを取ります。

前方からアタックされた場合

右手を90度移動させる。

左足を立て、

バックを取る。

左手を相手の背中に回し、

うつ伏せの状態に。

シットアウトでの注意点

座った際に姿勢が後傾していると安定せず、簡単に仰向けに倒されてしまう。
逆に言えば自分が同じことを仕掛けられた時のカウンターとして使うこともできる。

ディフェンスポジションからのタップニー

相手の足・膝が自分に近い時に有効な動きです。仮に避けられても次の展開へのきっかけになります。

前方からアタックされた場合

右手を90度移動。

体を反転させ相手に寄せ、

左手で相手の右肘を掴み、同時に左手で右膝をタッチ。

右膝でピボットしつつ、お辞儀をすることで、相手の右腕を引き出すようにして倒す。

首を抜き、ブレイクダウンへ。

ディフェンスポジションからのロングアームスイッチ

相手の首へのロックが弱いと感じた時や、首を取りにきた瞬間に有効です。

前方からアタックされた場合

相手の左手を右手で掴み、

左足を大きく前にステップ。

相手の腕の下を伸び上がるようにして潜り、

足で押し、背中を相手に預けることでプレッシャーを与え続ける。

反転、胸を背中につけてバックを取る。

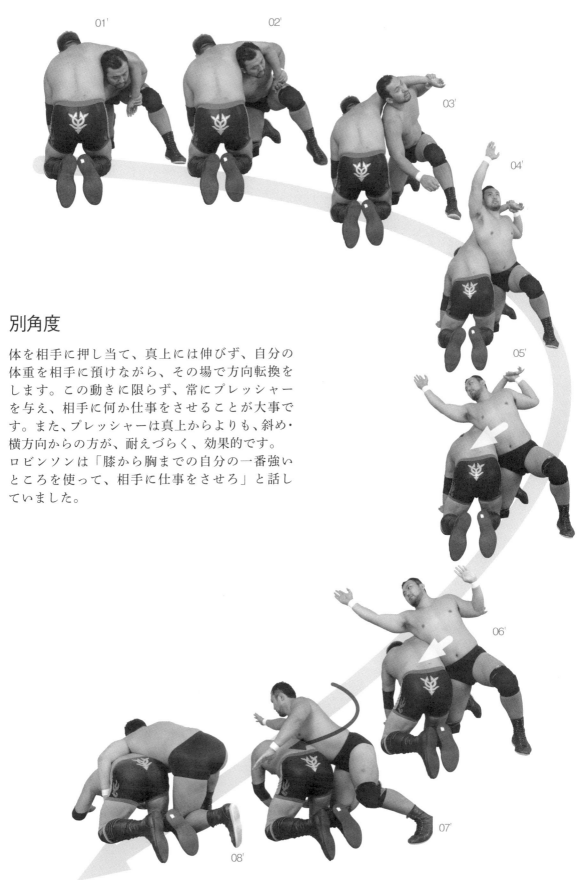

別角度

体を相手に押し当て、真上には伸びず、自分の体重を相手に預けながら、その場で方向転換をします。この動きに限らず、常にプレッシャーを与え、相手に何か仕事をさせることが大事です。また、プレッシャーは真上からよりも、斜め・横方向からの方が、耐えづらく、効果的です。
ロビンソンは「膝から胸までの自分の一番強いところを使って、相手に仕事をさせろ」と話していました。

バックからのエスケープのエクササイズ

1. Aはディフェンスポジションを取る。
2. Bは上から押さえ込む。
3. Aはエスケープを試み、Bはそれを阻止する。
4. Aがエスケープしたら終了。交代したり、別のパターンを試してもよい。

ディフェンスポジションへのアタック

ブレイクダウン・オフェンス側の基本戦略

　ここからはディフェンスポジションの相手へのアタックを紹介します。主に攻め方は、前からがぶった場合と、後ろについた場合の2通りに分かれます。このうち基本は後ろからのアタックです。真横からアタックすることもありますが、前からのアタックに関してはロビンソンはあまり得策ではないと教えていました。ディフェンスポジションを取った側はイーブンに戻そうと動いてきます。逆に言えばオフェンス側はその動きを止めるのが基本的な戦略になります。しかし無理に押さえつけるのではなく、自分がコントロールできる範囲内に囲っておくようにします。もし相手がその枠から出ることがあれば、自分の知識量が足りないかアクシデントです。アクシデント以外の理由でそうならないように練習を積み、自分の中に多くの選択肢を確保しておくようにします。

バックからの抑え方

股から手をいれて骨盤から股にかけて抑える。

アタックしやすいよう、右手で相手の手を持つ。

横もしくは斜め横から体重をかける。人体は真上からよりも、横からの圧力に弱いためより強力なプレッシャーをかけられる。

45度

床への足の角度は45度が相手に力や体重をかけるためには理想的。

上から相手の足首を持つ方法もあります。腰ではなく足首のコントロールを狙う。

ディフェンスポジションへのアタック「プッシュ」

　ディフェンスポジションの相手に対する、基本的なアタックが「プッシュ」です。仰向けにした後も、足をロックして相手の自由を奪います。

後方からアタックする場合

左足を踏み出し、

プレッシャーをかけたまま、サイドへポジションチェンジ。

フィギュアフォーで相手の右足を絡め、下半身を固定する。

別角度

NG 真っ直ぐ押しても崩しづらい。

相手の左手を抱え上げるようにして、回転させ横倒しにする。

小さな歩幅で走るように前進、相手を返す。

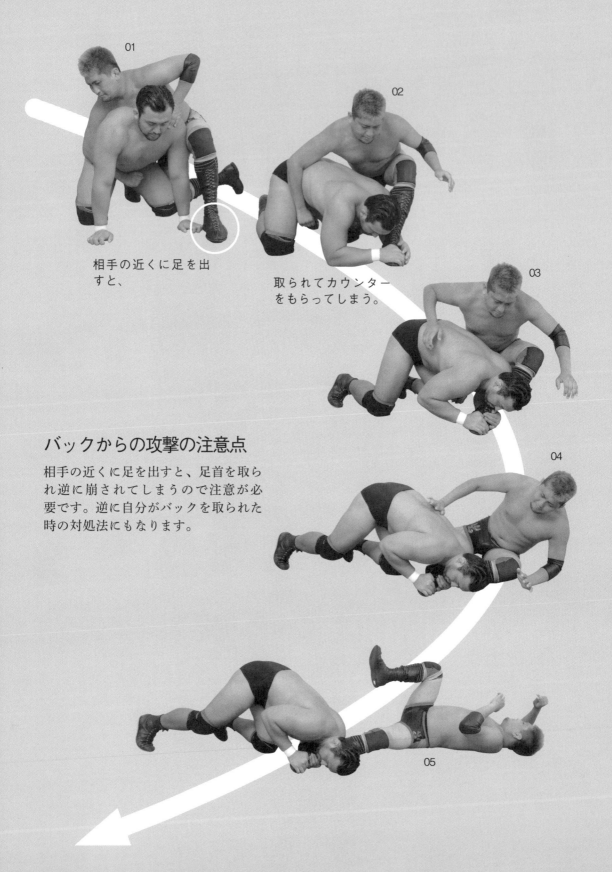

相手の近くに足を出すと、

取られてカウンターをもらってしまう。

バックからの攻撃の注意点

相手の近くに足を出すと、足首を取られ逆に崩されてしまうので注意が必要です。逆に自分がバックを取られた時の対処法にもなります。

プッシュ（別角度）

フィギュアフォーで
ロックする。

右手で相手の左足を
固定。

ディフェンスポジションへのアタック「ハンマーロック」

ディフェンスポジションをそのままひっくり返すのが理想ですが、耐えられる場合も多々あります。その場合は身体を支えている4本の柱から1本抜いて、肘と額を床につけさせることで、ディフェンスポジションを潰します。片手をハンマーロックに取り、とった手の方向に身体を持ち上げ、うつ伏せにします。

相手に横方向のプレッシャーを掛ける。床と足の角度は45度に。

極まらない場合は、クロスオーバーへ（P.215）

「手首を持っている肩に体重をかけろ」
ビル・ロビンソン

相手の手の甲を背中に押しつけ極める。

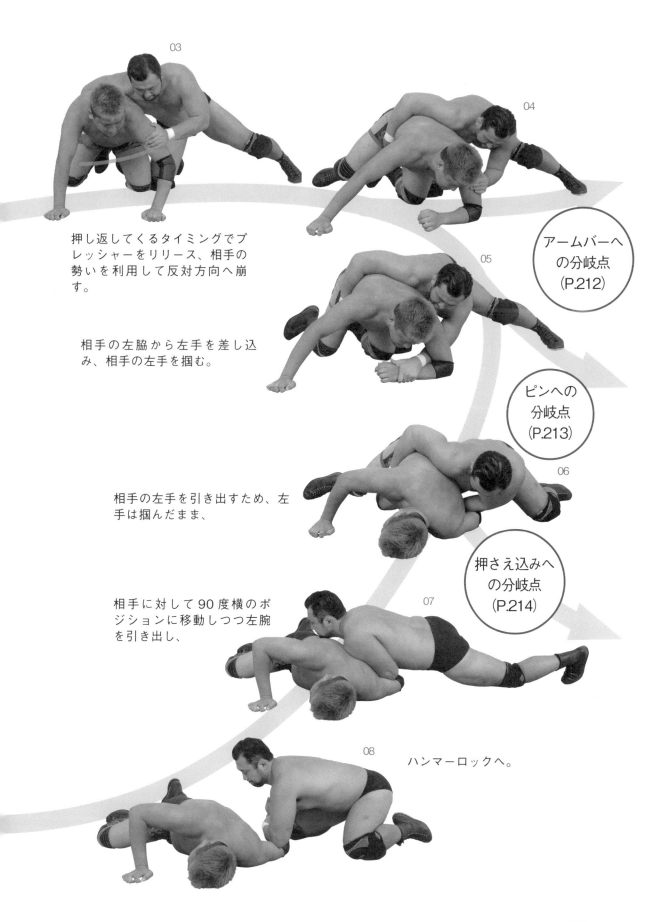

押し返してくるタイミングでプレッシャーをリリース、相手の勢いを利用して反対方向へ崩す。

相手の左脇から左手を差し込み、相手の左手を掴む。

相手の左手を引き出すため、左手は掴んだまま、

相手に対して90度横のポジションに移動しつつ左腕を引き出し、

ハンマーロックへ。

アームバーへの分岐点（P.212）

ピンへの分岐点（P.213）

押さえ込みへの分岐点（P.214）

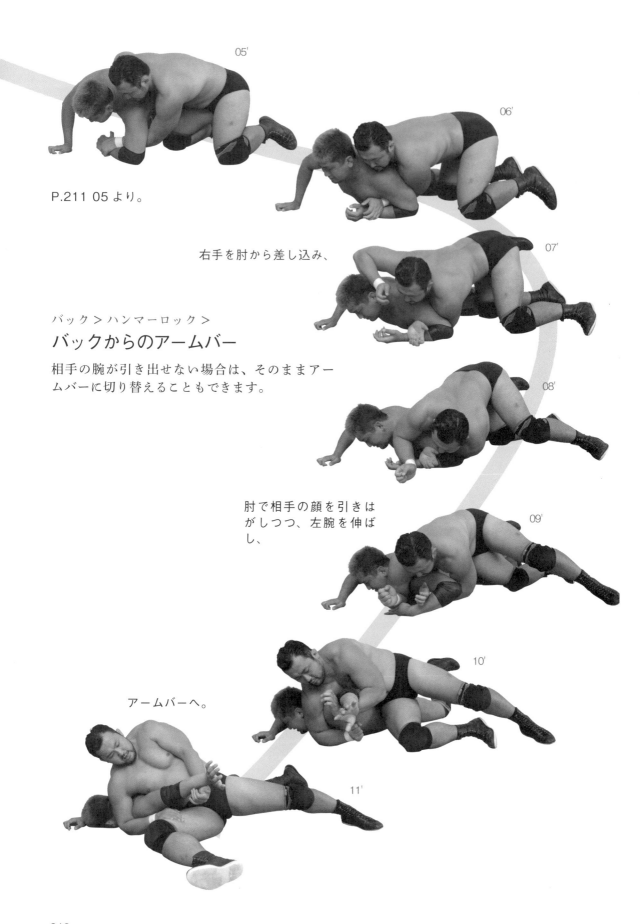

P.211 05 より。

右手を肘から差し込み、

バック＞ハンマーロック＞
バックからのアームバー

相手の腕が引き出せない場合は、そのままアームバーに切り替えることもできます。

肘で相手の顔を引きはがしつつ、左腕を伸ばし、

アームバーへ。

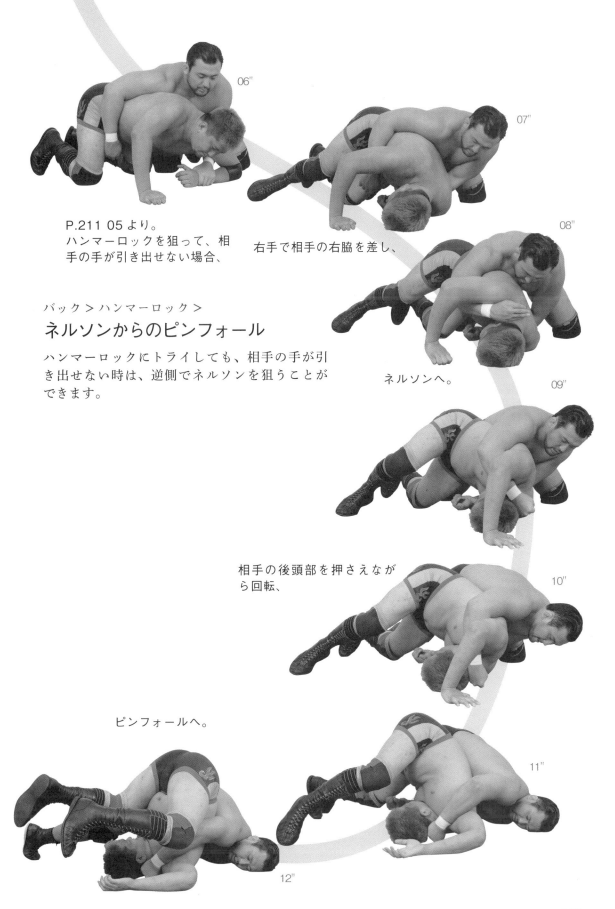

P.211 05 より。
ハンマーロックを狙って、相手の手が引き出せない場合、

右手で相手の右脇を差し、

バック＞ハンマーロック＞
ネルソンからのピンフォール

ハンマーロックにトライしても、相手の手が引き出せない時は、逆側でネルソンを狙うことができます。

ネルソンへ。

相手の後頭部を押さえながら回転、

ピンフォールへ。

P.211 06 より。

バック＞ハンマーロック＞
押さえ込み
相手が抵抗してディフェンスポジションになろうとした時、その勢いを利用して相手を前転させることができます。後頭部に膝裏をひっかけて回転させます。

仰向けになったところをカバー。

足で後頭部を固定、

相手を後転させつつ左手を放す。

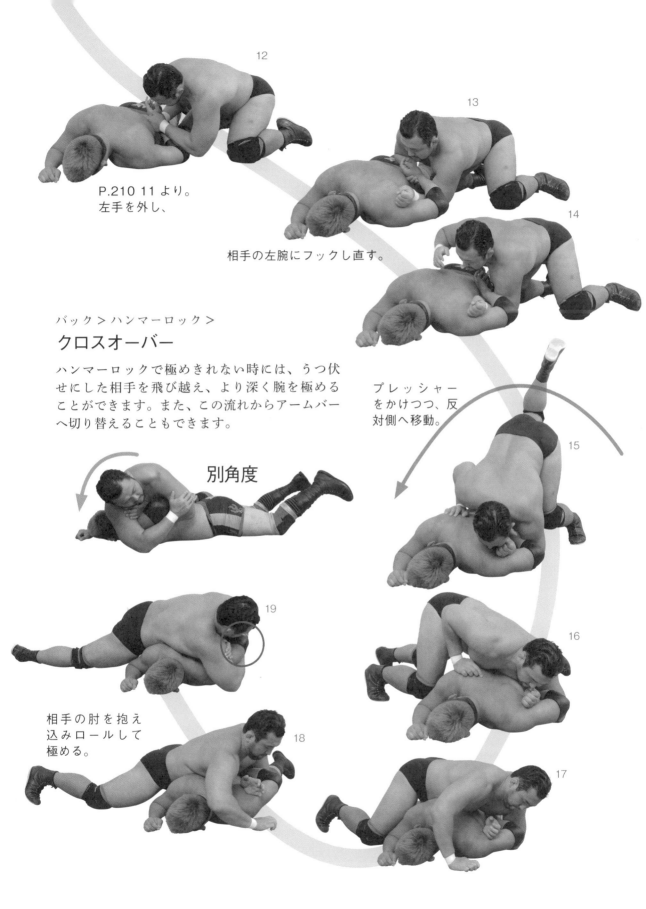

P.210 11 より。
左手を外し、

相手の左腕にフックし直す。

バック＞ハンマーロック＞
クロスオーバー

ハンマーロックで極めきれない時には、うつ伏せにした相手を飛び越え、より深く腕を極めることができます。また、この流れからアームバーへ切り替えることもできます。

プレッシャーをかけつつ、反対側へ移動。

別角度

相手の肘を抱え込みロールして極める。

ディフェンスポジションへのアタック「ネルソン」

バックからアタックとしてハンマーロックに並んで使われるのがネルソンです。成功すれば、そのまま抑え込むこともできますし、肘を上げてネルソンに移行することもできます。ネルソンのまま関節技を極めて、サブミッションフォールを取ることもあります。

後方からアタックする場合

ディフェンスポジションの相手が固い場合、

ピンフォールへ。

前腕をテコのように使い、相手の後頭部を下げる。

後頭部へのプレッシャーをかけたまま左脇から右手を差し込み、

ネルソンへの変化への分岐点（P.219・220・222）

アゴを巻き込んでクラッチ。

手前に首を引きつけ、足で押す。

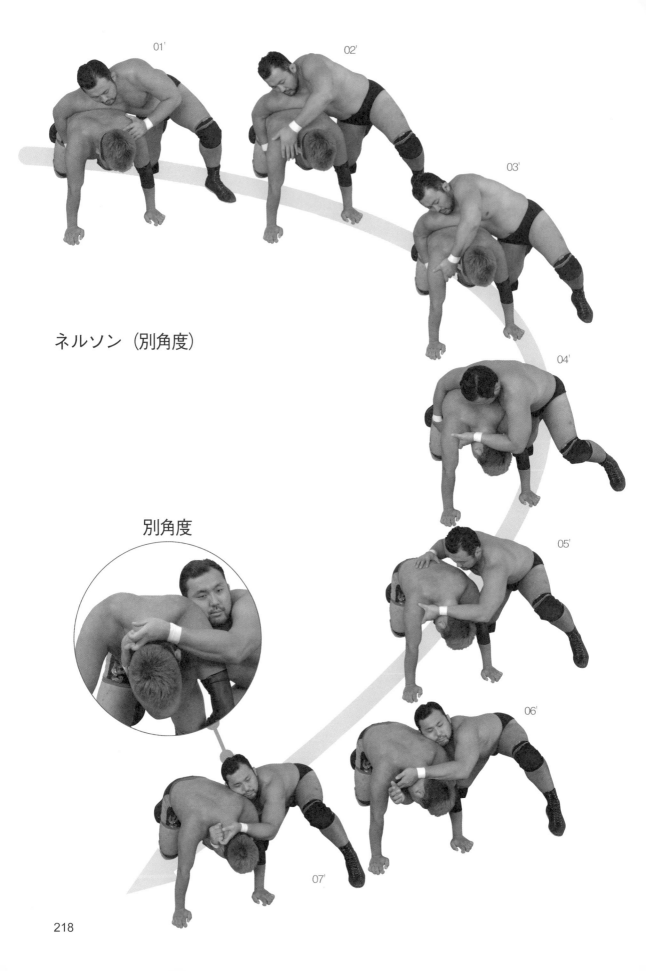

ネルソン（別角度）

別角度

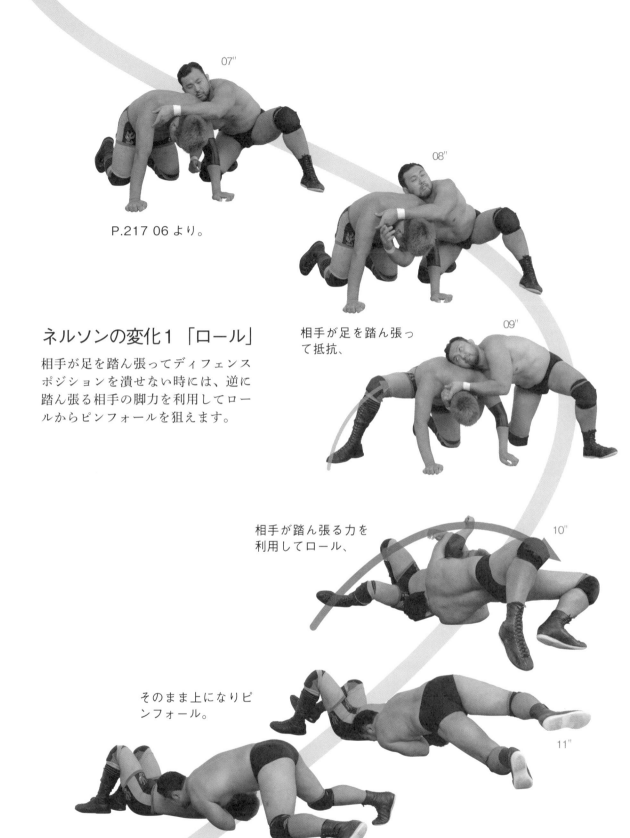

P.217 06より。

ネルソンの変化1「ロール」

相手が足を踏ん張ってディフェンスポジションを潰せない時には、逆に踏ん張る相手の脚力を利用してロールからピンフォールを狙えます。

相手が足を踏ん張って抵抗、

相手が踏ん張る力を利用してロール、

そのまま上になりピンフォール。

P.217 06 より。

ネルソンの変化2「逆サイドのネルソン」

ネルソンを仕掛けるも、相手が手を踏ん張って抵抗した場合、逆サイドのネルソンに切り替えてもよいでしょう。

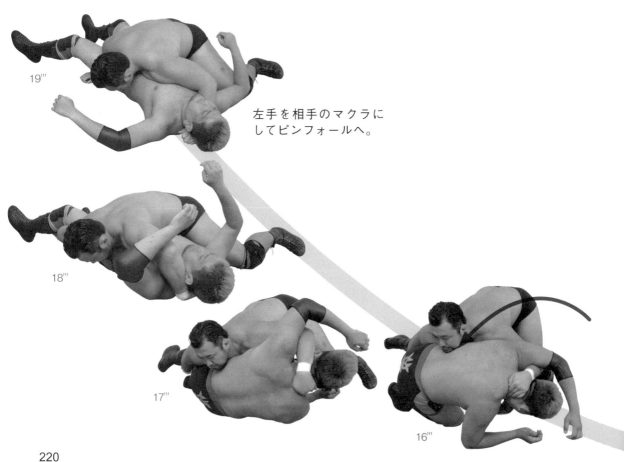

左手を相手のマクラにしてピンフォールへ。

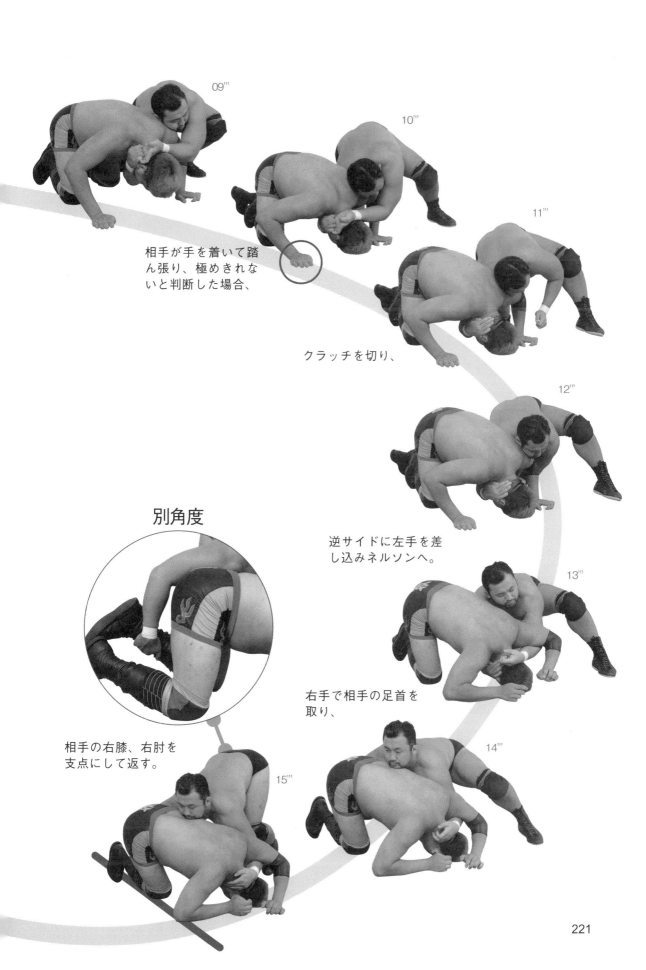

相手が手を着いて踏ん張り、極めきれないと判断した場合、

クラッチを切り、

逆サイドに左手を差し込みネルソンへ。

右手で相手の足首を取り、

別角度

相手の右膝、右肘を支点にして返す。

P.217 06 より。

ネルソンを仕掛ける、

ネルソンの変化3

相手が強いうつ伏せになってそのままでは返せない場合は、自分がサイドを替える動きで返してピンフォールを狙えます。

ピンフォール。

右腕のネルソンで相手を仰向けにして、そのまま右腕を相手の首の下に入れる。

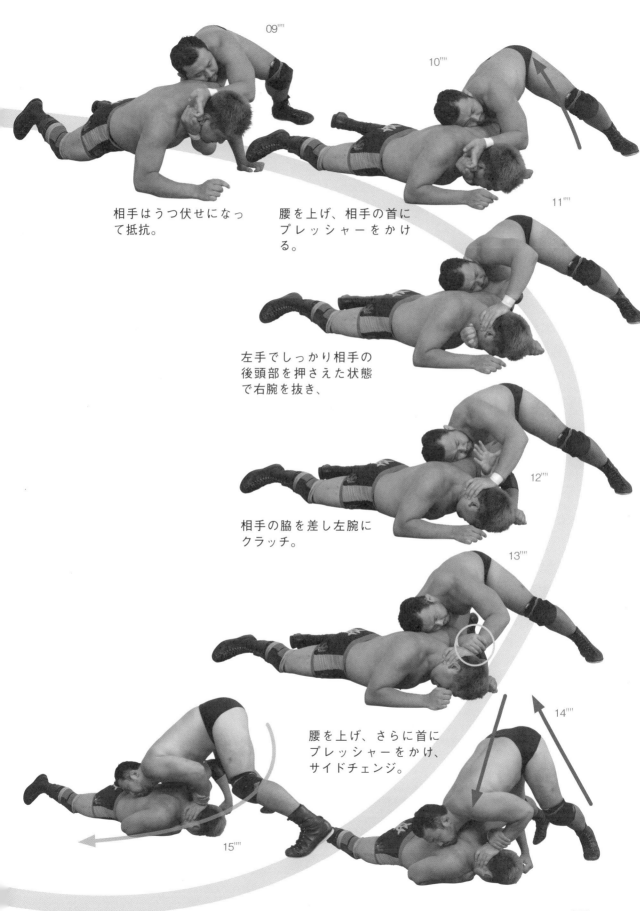

ディフェンスポジションへのアタック「クロスフェイス」

　CACCでは、頭部をひねる攻撃全般を「クロスフェイス」と呼びます。ここではディフェンスポジションからクロスフェイスを狙うパターンを幾つか紹介します。アゴを引いた相手のガードをこじ開けるには、肘を使って背中へプレッシャーをかけるのが有効です。

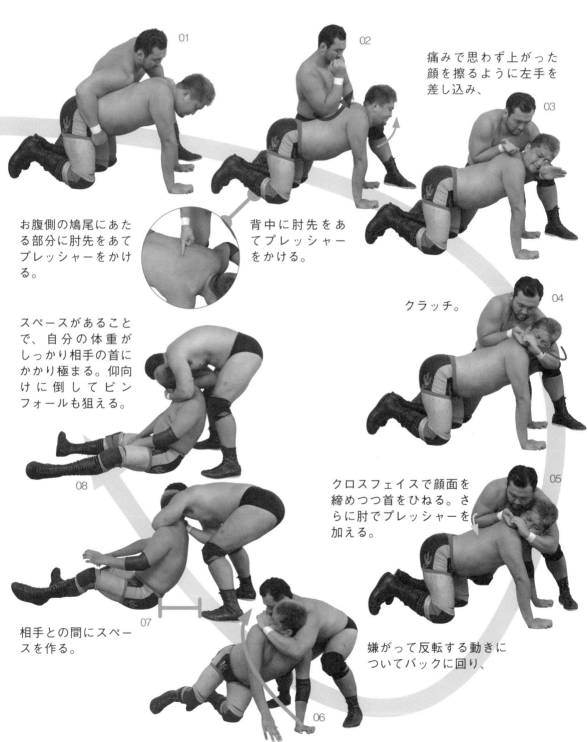

お腹側の鳩尾にあたる部分に肘先をあてプレッシャーをかける。

背中に肘先をあてプレッシャーをかける。

痛みで思わず上がった顔を擦るように左手を差し込み、

クラッチ。

クロスフェイスで顔面を締めつつ首をひねる。さらに肘でプレッシャーを加える。

嫌がって反転する動きについてバックに回り、

相手との間にスペースを作る。

スペースがあることで、自分の体重がしっかり相手の首にかかり極まる。仰向けに倒してピンフォールも狙える。

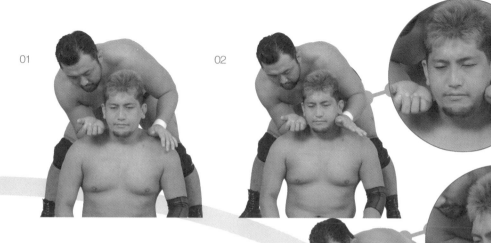

クロスフェイスのポイント

手首の骨を相手の頬骨の下に当て、小さく締めます。右手は動かさないのが大事です。固定した右手に左手が動いて掴みにいく動きで、小さく折りたたむように締めます。これはすべてのサブミッションに共通するポイントです。

「小さく締めろ」
ビル・ロビンソン

別角度
腕は動かさず、肩を前に動かすことで首を極める。

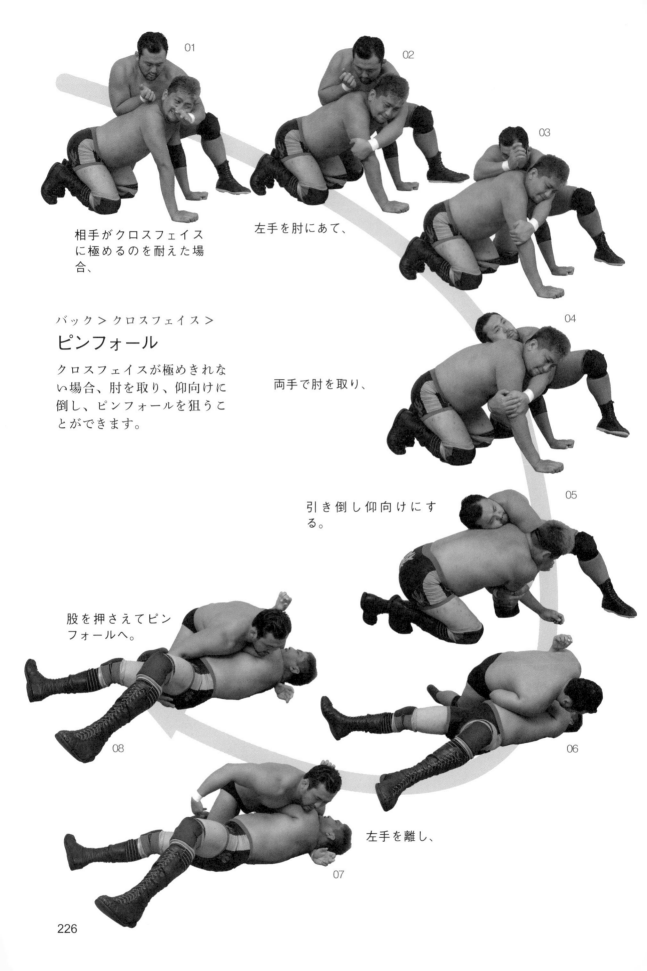

01 相手がクロスフェイスに極めるのを耐えた場合、

02 左手を肘にあて、

バック＞クロスフェイス＞
ピンフォール

クロスフェイスが極めきれない場合、肘を取り、仰向けに倒し、ピンフォールを狙うことができます。

04 両手で肘を取り、

05 引き倒し仰向けにする。

06 左手を離し、

08 股を押さえてピンフォールへ。

クロスフェイスのモーションを感じて、相手が足を出す。

バック＞クロスフェイス＞
クレイドル

クロスフェイスにいくのを足を出して耐えた場合は、その足を捉えてクレイドルに持ち込むことができます。

出た右足を、右手ごとクラッチ、

足で動きを封じる。

回転、クレイドルへ。

自分の腹で跳ね上げ、相手をサイドに落とす。

ディフェンスポジションへのアタック「足のリフトアップ」

相手の片足を外側から持ち、逆立ちをさせます。すると反対側の足がぶら下がっていることが多いので、その足に持ち替えて仰向けにし、フィギュアフォーの体勢でピンフォールを狙います。

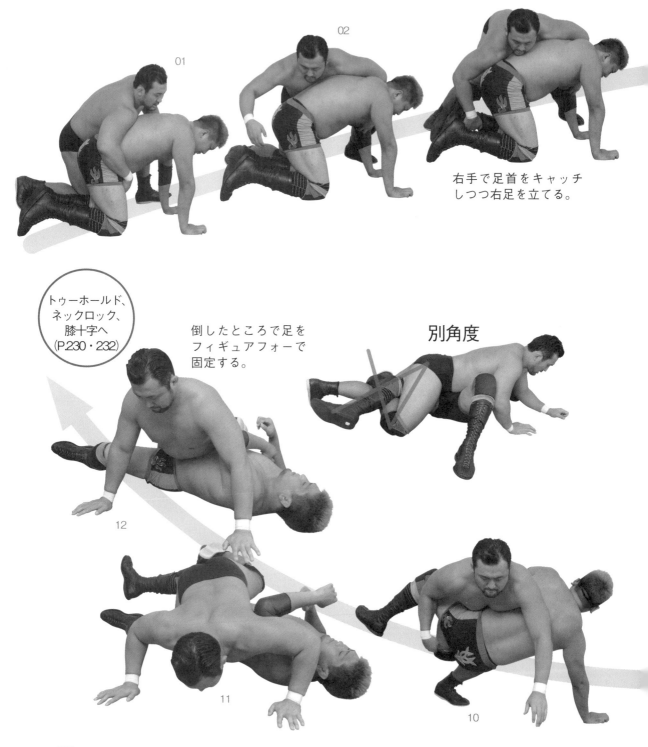

右手で足首をキャッチしつつ右足を立てる。

倒したところで足をフィギュアフォーで固定する。

別角度

トゥーホールド、ネックロック、膝十字へ（P.230・232）

04 左手を相手の股に差し入れ、

05 立ち上がって相手の左足をリフトアップ。同時に右足を前に出し、足の付け根を相手にあてる。

06 両足が上がった場合（P.230）

07 右手で相手の左足付け根を掴み、

08 右足をフック。体重を相手にかける。

09 自分の右足を床に着けないまま相手の右足を刈り、前方へ倒れ込む。

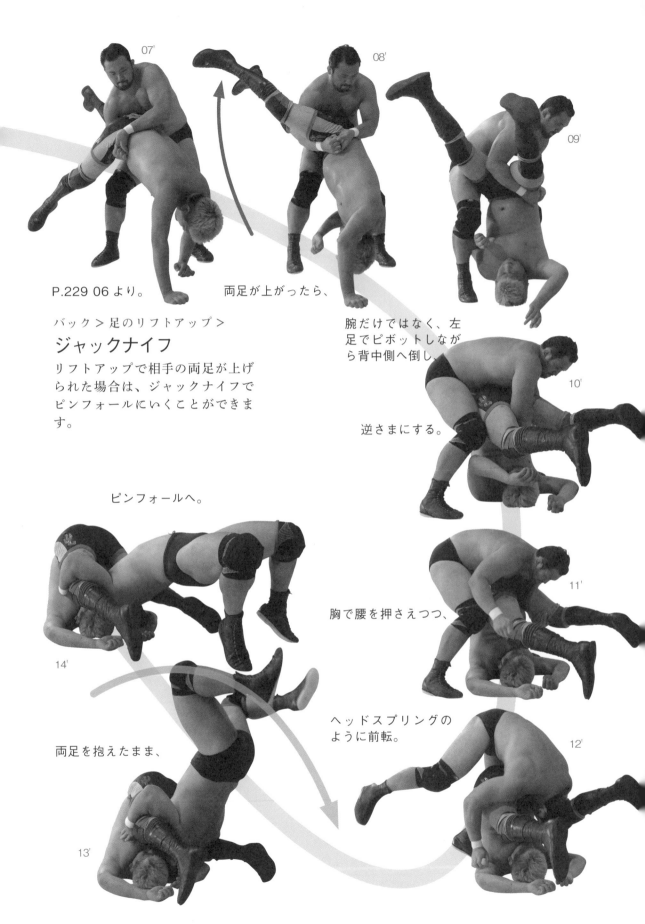

P.229 06より。

バック＞足のリフトアップ＞
ジャックナイフ
リフトアップで相手の両足が上げられた場合は、ジャックナイフでピンフォールにいくことができます。

両足が上がったら、

腕だけではなく、左足でピボットしながら背中側へ倒し

逆さまにする。

胸で腰を押さえつつ、

ヘッドスプリングのように前転。

両足を抱えたまま、

ピンフォールへ。

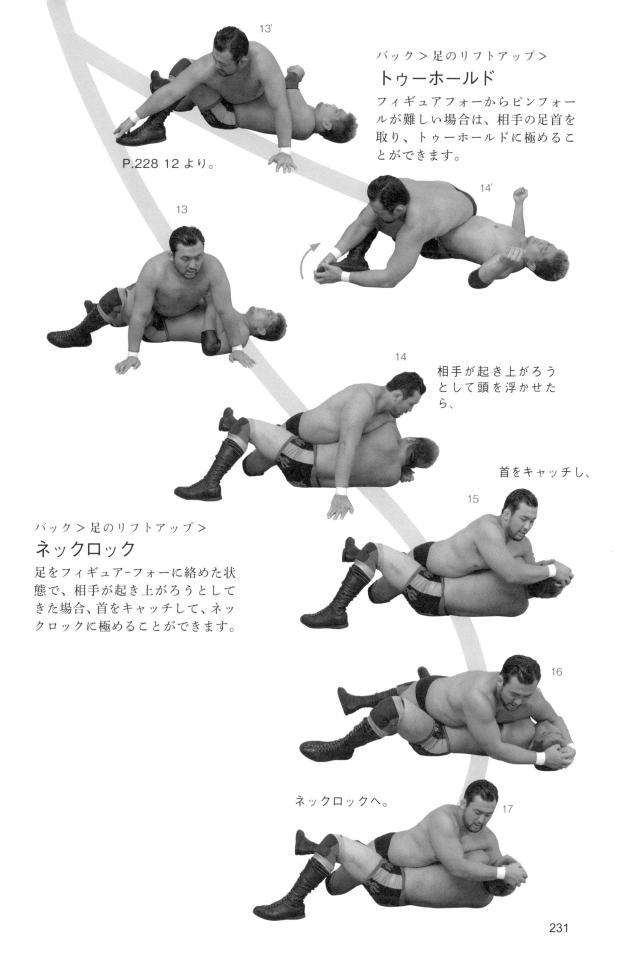

P.228 12 より。

バック＞足のリフトアップ＞
トゥーホールド

フィギュアフォーからピンフォールが難しい場合は、相手の足首を取り、トゥーホールドに極めることができます。

バック＞足のリフトアップ＞
ネックロック

足をフィギュア-フォーに絡めた状態で、相手が起き上がろうとしてきた場合、首をキャッチして、ネックロックに極めることができます。

相手が起き上がろうとして頭を浮かせたら、

首をキャッチし、

ネックロックへ。

P.228 12 より。

バック > 足のリフトアップ >
膝十字

相手が足を跳ね上げ抵抗した場合は、伸びてきた足をフックして膝十字を狙えます。

跳ね上げて逃れようとしてきた足をフック、

フックしつつもしっかり相手に乗りプレッシャーをかける。

足を引き、腰を前に出し膝十字に極める。

相手が逃げた場合、左足を外へスライドさせ、再びフィギュアフォーでロックしつつ、両手で爪先を掴み、

相手の右足を広げつつ左足首を極める。

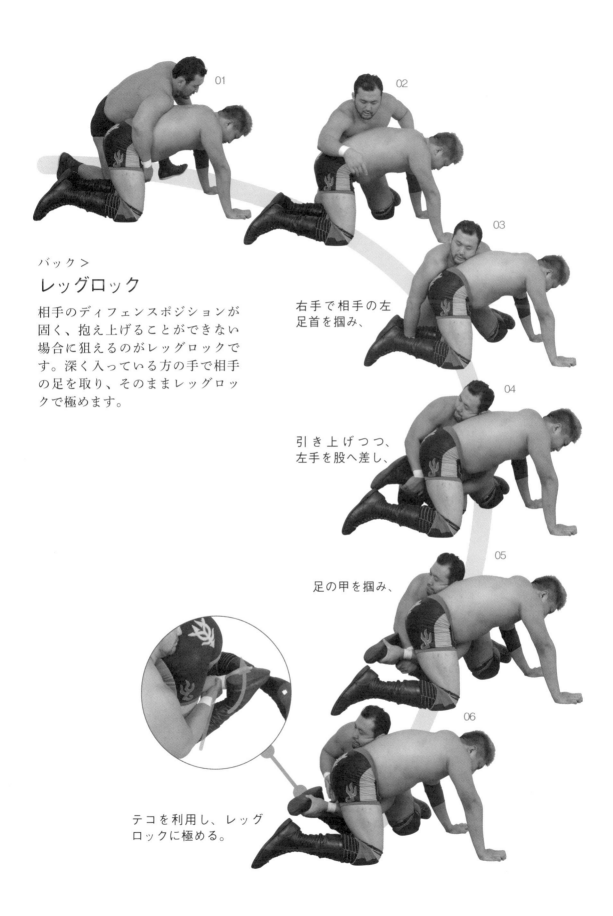

バック>
レッグロック

相手のディフェンスポジションが固く、抱え上げることができない場合に狙えるのがレッグロックです。深く入っている方の手で相手の足を取り、そのままレッグロックで極めます。

右手で相手の左足首を掴み、

引き上げつつ、左手を股へ差し、

足の甲を掴み、

テコを利用し、レッグロックに極める。

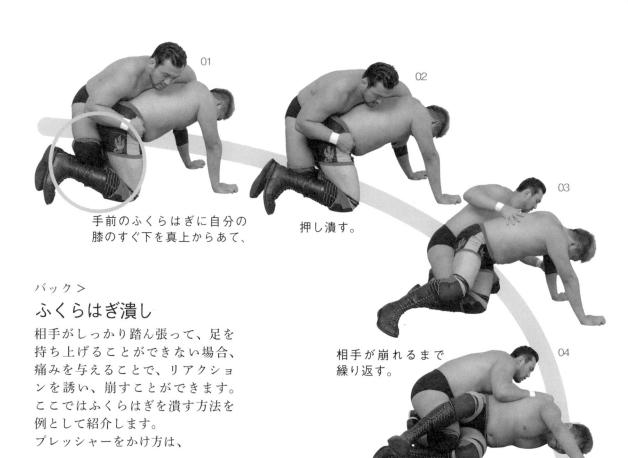

手前のふくらはぎに自分の膝のすぐ下を真上からあて、

押し潰す。

相手が崩れるまで繰り返す。

バック＞
ふくらはぎ潰し

相手がしっかり踏ん張って、足を持ち上げることができない場合、痛みを与えることで、リアクションを誘い、崩すことができます。ここではふくらはぎを潰す方法を例として紹介します。
プレッシャーをかけ方は、

・真下に垂直に圧をかける。
・圧を掛けるポイントを反対側に押し出すようにスライドさせる。
・圧を掛けるポイントを手前に引くようにスライドさせる。

の3種類です。

別角度

自分の足の硬く、体重が乗りやすい場所を使い、

真下に潰す。

潰したまま、スライドさせる。

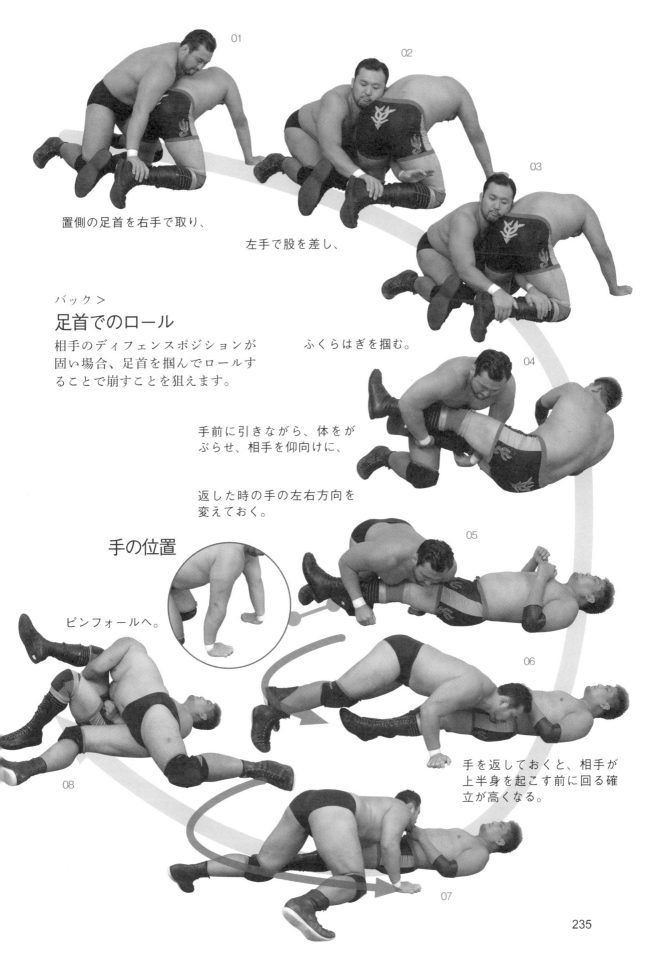

01 置側の足首を右手で取り、

02 左手で股を差し、

バック>
足首でのロール
相手のディフェンスポジションが固い場合、足首を掴んでロールすることで崩すことを狙えます。

03 ふくらはぎを掴む。

04 手前に引きながら、体をがぶらせ、相手を仰向けに、

返した時の手の左右方向を変えておく。

手の位置

ピンフォールへ。

05

06 手を返しておくと、相手が上半身を起こす前に回る確立が高くなる。

07

08

相手が前方にダッシュして立ち上がろうとしたら、

<バック>
相手が立とうとしたところをバックラテラル

ラテラルのポイントは、後ろに倒れるのではなく、必ず真下に"座る"ことと、地面と水平に相手の足を蹴り倒すことです。

バックを取る。

動きに合わせて立ち上がり、

相手の腰にぶら下がるような形で、足を蹴り払う。この時、腰を横にずらしつつ行う。

横倒しにテイクダウン。クラッチは離さず、そのまま相手をうつ伏せに、

ディフェンスポジションへのアタック「ライド」

　相手の上に完全に乗って、片足を入れて絡めます。ディフェンスポジションの相手にグライプバインを仕掛ける要領です。そこから肘を叩いてうつ伏せにさせます。ライドはそのまま技を仕掛けるというよりも、相手の両足を固定しコントロールするテクニックになります。ロビンソンの試合でもライドを使っている場面がしばしば見られます。

右足をフック、腹を出しプレッシャーをかける。

別角度

左足は前から相手の左足を固定、両足で締める。

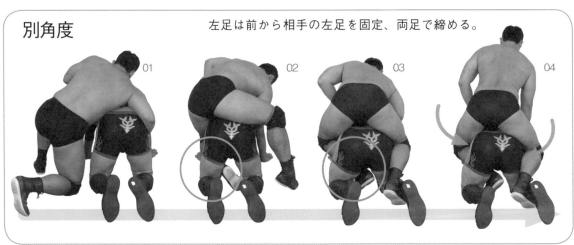

勢いよく両手で、相手の両肘を同時に払い潰す。

バック＞ライド＞
腕を払ってうつ伏せに
ライドからより確実なアタックを狙い、相手をうつ伏せにします。

> 「両膝で腰骨を
> しっかり挟み込め」
> ビル・ロビンソン

うつ伏せ
からの展開
(P.240・241)

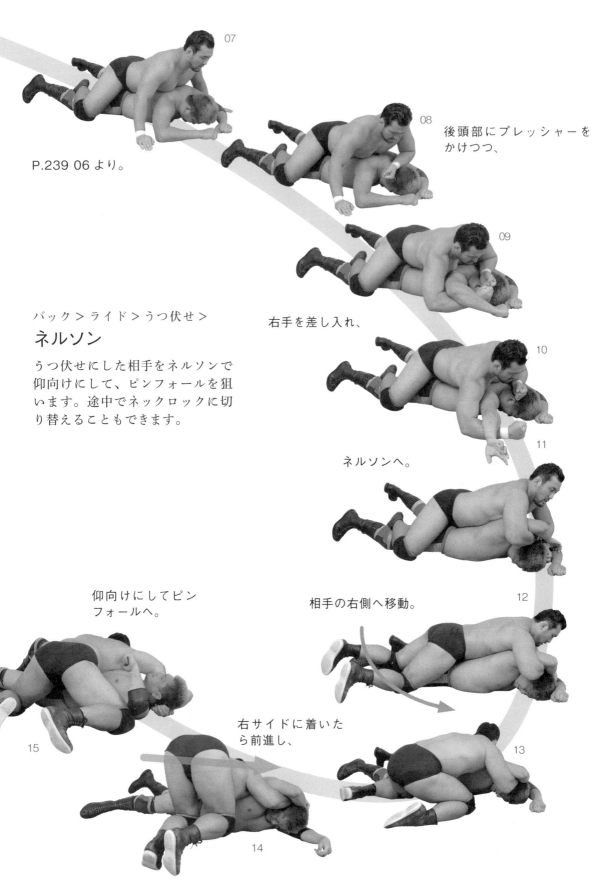

P.239 06 より。

後頭部にプレッシャーをかけつつ、

右手を差し入れ、

ネルソンへ。

相手の右側へ移動。

右サイドに着いたら前進し、

仰向けにしてピンフォールへ。

バック＞ライド＞うつ伏せ＞
ネルソン

うつ伏せにした相手をネルソンで仰向けにして、ピンフォールを狙います。途中でネックロックに切り替えることもできます。

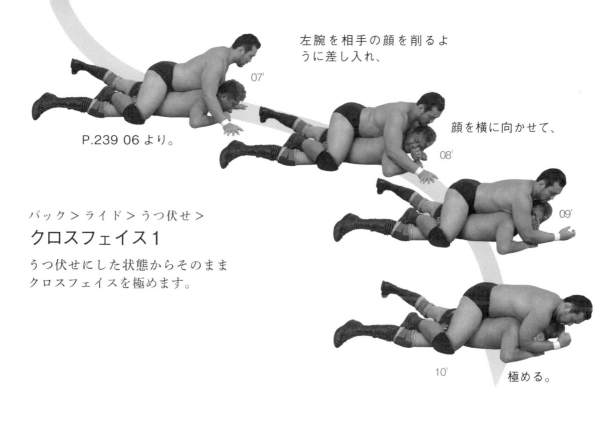

P.239 06 より。

左腕を相手の顔を削るように差し入れ、

顔を横に向かせて、

極める。

バック＞ライド＞うつ伏せ＞
クロスフェイス1

うつ伏せにした状態からそのままクロスフェイスを極めます。

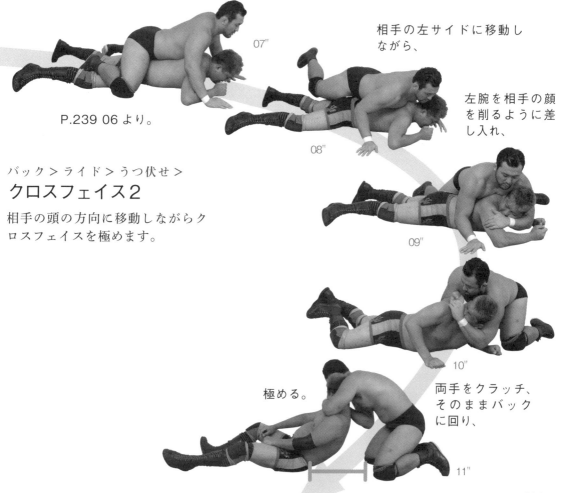

P.239 06 より。

相手の左サイドに移動しながら、

左腕を相手の顔を削るように差し入れ、

両手をクラッチ、そのままバックに回り、

極める。

バック＞ライド＞うつ伏せ＞
クロスフェイス2

相手の頭の方向に移動しながらクロスフェイスを極めます。

左足を絡めたまま、
右腕を取り、

バック＞ライド＞
クロスフィックス

左足を絡めたまま、反対側の相手の右腕をフックし、自分の背中側へ転がるように倒れます。転がる勢いで相手の右手を伸ばし、クロスフィックスに極めます。
後述するサイドライドの体勢からでも同じことができます。

両手をクラッチ、両足を
フックしクロスフィック
スへ。

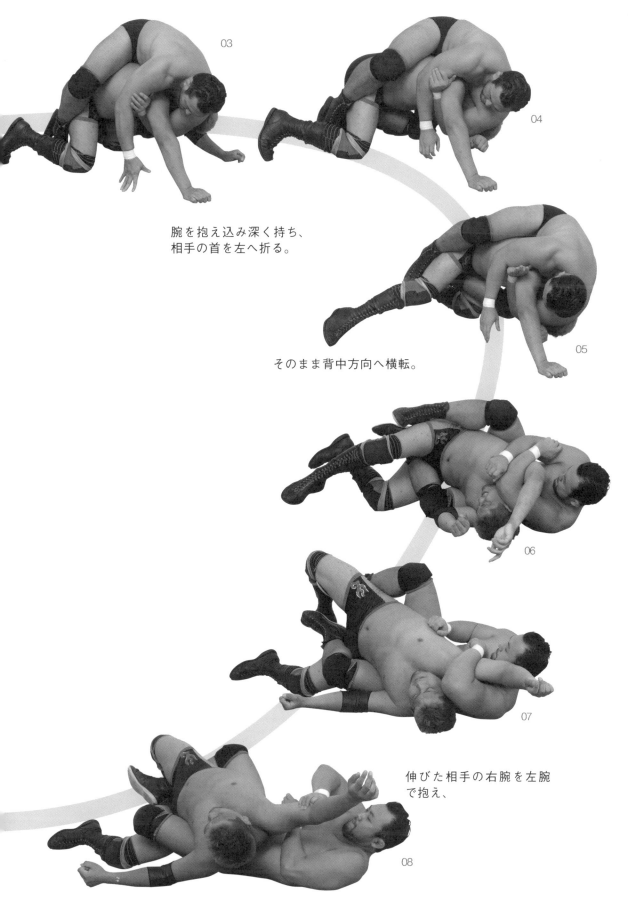

腕を抱え込み深く持ち、相手の首を左へ折る。

そのまま背中方向へ横転。

伸びた相手の右腕を左腕で抱え、

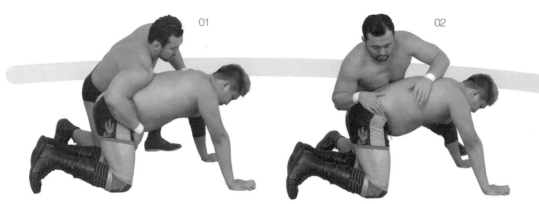

胸をつけたまま相手の左サイドへ移動、

バック>
サイドライド

ライドが完全に相手の上に乗るのに対して、サイドライドは片足だけ入れて十字になります。ディフェンスポジションを取った時には必ず隙間があります。そのまま相手の股に入れて押し潰し、コントロールします。

別角度

床をしっかり押し、背中を伸ばし、相手に対して斜めになることで強いプレッシャーをかける。

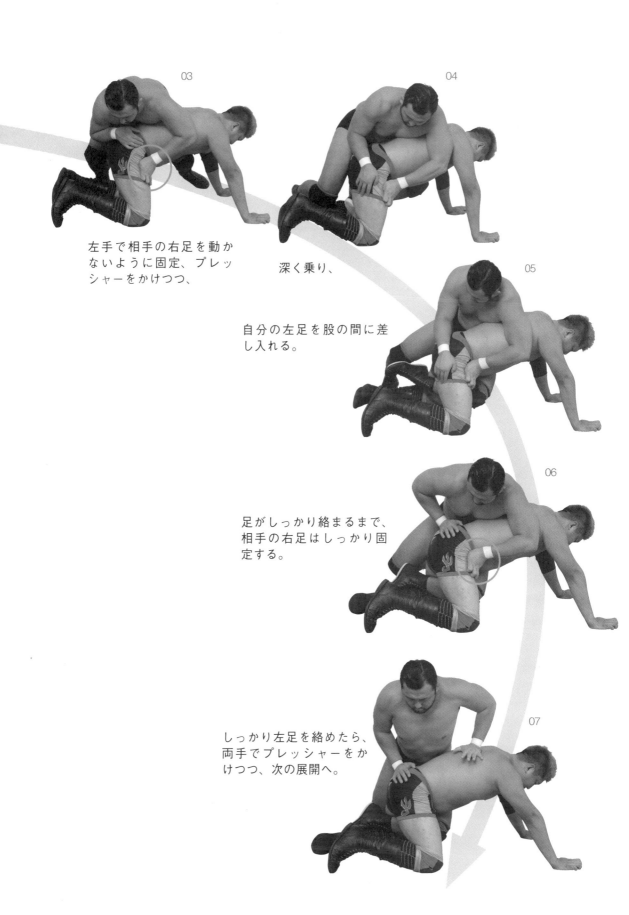

左手で相手の右足を動かないように固定、プレッシャーをかけつつ、

深く乗り、

自分の左足を股の間に差し入れる。

足がしっかり絡まるまで、相手の右足はしっかり固定する。

しっかり左足を絡めたら、両手でプレッシャーをかけつつ、次の展開へ。

左腕を股の間に差し入れつつ、

バック＞サイドライド＞
レッグスプリット・ハーフボストン・足首固め

押し潰せない場合は両足を絡ませてクレイドルでひっくり返し、そのままレッグスプリットに移行することができます。クレイドルでなく前転したりなどいくつかのパターンがあります。相手がレッグスプリットから逃れたら、そのまま足をとってレッグロックをしかけてもよいでしょう。

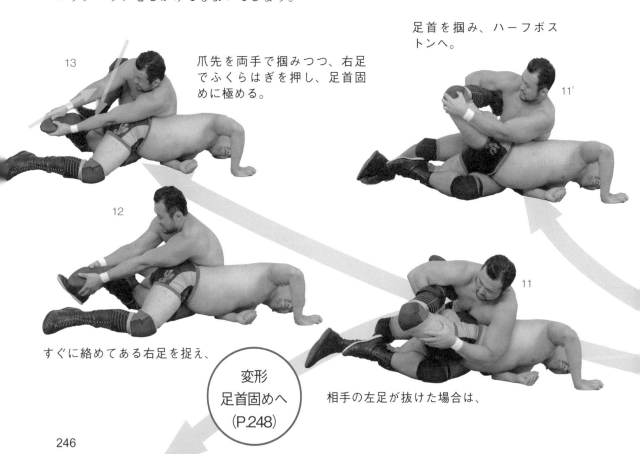

足首を掴み、ハーフボストンへ。

爪先を両手で掴みつつ、右足でふくらはぎを押し、足首固めに極める。

すぐに絡めてある右足を捉え、

相手の左足が抜けた場合は、

変形
足首固めへ
(P.248)

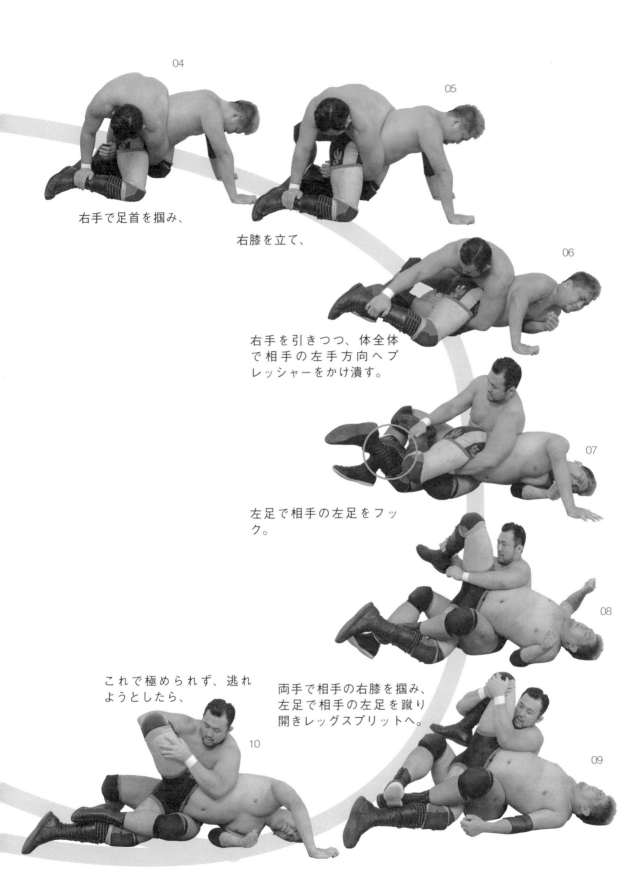

04 右手で足首を掴み、

05 右膝を立て、

06 右手を引きつつ、体全体で相手の左手方向へプレッシャーをかけ潰す。

07 左足で相手の左足をフック。

08 両手で相手の右膝を掴み、左足で相手の左足を蹴り開きレッグスプリットへ。

09

10 これで極められず、逃れようとしたら、

P.246 11 より。
相手がうつ伏せになった場合、

バック > サイドライド > レッグスプリット >
変形足首固め
相手の左足が抜けず、うつ伏せになった時
の展開です。

左足のフックをキープしつつ、
両手を相手の右足甲に持ち替
え、

右足を相手の右足ふくらはぎ
にあて、後ろに倒れ込むよう
にして押し込み、

変形足首固めへ。

左足のフックを起点に、体を対角線上に乗り出し、相手の右手を潰す。

バック＞サイドライド＞
フィギュアフォー
サイドライドから直接フィギュアフォーを仕掛ける例です。

そのまま絡めた足で相手を回転させ、仰向けにする。

相手が仰向けになったら、左足を右足にフックし、フィギュアフォーへ。

蹴り込むパターン

膝で崩すパターン

バック＞サイド＞
サイドライドに入れない場合
サイドライドには入れない場合は、ラテラルと同じく、足や膝で相手のディフェンスポジションを崩してアタックします。

うつ伏せに。

テキスC
ホールドへ
（P.252）

レッグロックへ。このまま、テキサスクローバーホールドにもいける。

左手で相手の腹を固定、
右足と右手で相手の左足を曲げ、

相手の右足を寄せ、

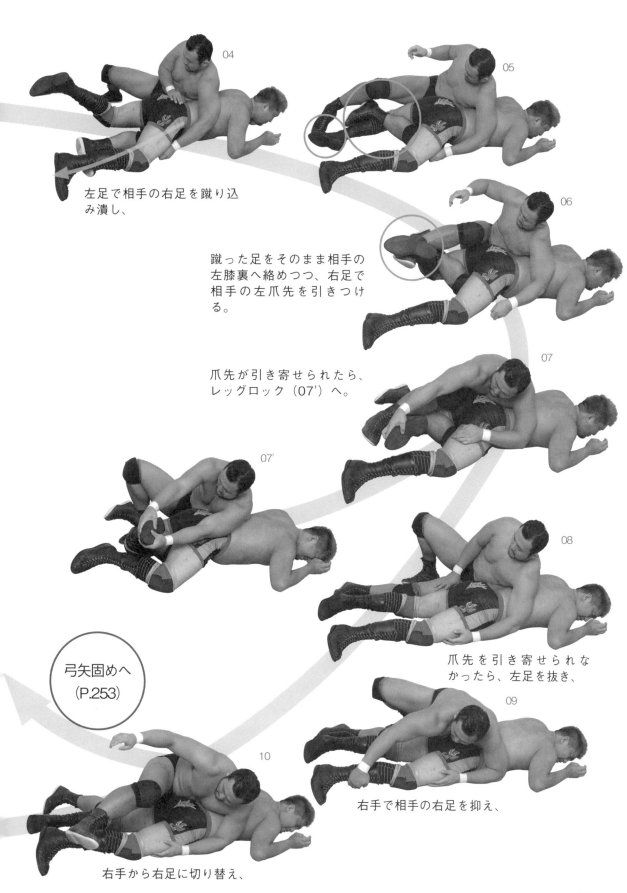

左足で相手の右足を蹴り込み潰し、

蹴った足をそのまま相手の左膝裏へ絡めつつ、右足で相手の左爪先を引きつける。

爪先が引き寄せられたら、レッグロック（07'）へ。

弓矢固めへ（P.253）

爪先を引き寄せられなかったら、左足を抜き、

右手で相手の右足を抑え、

右手から右足に切り替え、

14

P.252 13より。
レッグロックの状態から、

相手に跨がり、

15

16

バック＞サイド＞レッグロック＞
テキサスクローバーホールド

両足をキャッチしたら、テキサスクローバーホールドや弓矢固めに移行できます。これはロビンソンに学んだテクニックを自分でカスタマイズしたものです。ここではレッグロックからの展開を紹介します。

テキサスクローバー
ホールドへ。

17

P.251 10 より。
右足で相手の右足をフック、

バック＞サイド＞レッグロック＞
弓矢固め

ポイントはレッグロックで相手の足の自由を奪いつつ、手でアゴを押さえて少し反らせることです。そうすることにより相手を自分の足に乗せる時、スムーズにいきます。ただし自分より重い相手に仕掛けるのは難しい技です。

右足と右手で相手の左足を取り、

相手の両足を交差、

右手を相手の足の間に入れる。

足を寄せ立ち上がり、

スネを相手の背中にあて後方へ倒れ込む。

弓矢固めへ。

ディフェンスポジションの前からの「がぶり」

「自分が相手より大きかったら、すぐ後ろに回りなさい」

ロビンソンはそう教えていました。首を抱えた相手がパワーのある選手だった場合、足を抱えられて叩きつけられるおそれがある、というのがその理由です。またポジションとしてもバックの方がずっと有利ですので、ディフェンスポジションの相手の前に着いた時には、しっかりがぶり、相手の動きを封じたうえで、なるべく後ろにまわり攻めるようにします。

がぶりのポイント

首の背後にしっかり体重をかけます。相手がディフェンスポジションになったら自分もお尻を高く上げて、上からぐっと押し込み、相手の額を床に着けさせます。柔道の"亀"に近い形にすることで、動きを封じます。そうすることでバックに回ることが容易になります。

腰をしっかり上げることで、三角形を作りプレッシャーをかける。

がぶりからバックへ

相手の動きを封じたらプレッシャーを維持しつつ、バックに回ります。

自分の胸を肩にあててプレッシャーをかけ続ける。また、膝は常に床から浮かせることにより、体重を相手にかけ続ける。

「常にバックに回る可能性を頭に入れておけ」
ビル・ロビンソン

右手で相手の頭を右側に倒し動きを封じる。

バックへ。

がぶりからのロール

　ディフェンスポジションの相手を前から攻めるテクニックとして、最初に習うのがロールです。腕を絞って横に回転します。これがうまくいかなかったらすぐハーフハッチに移行します。腕がどの程度絞れたか、相手がどう踏ん張っているかによって、ネックロックやスイッチに変化することもあります。

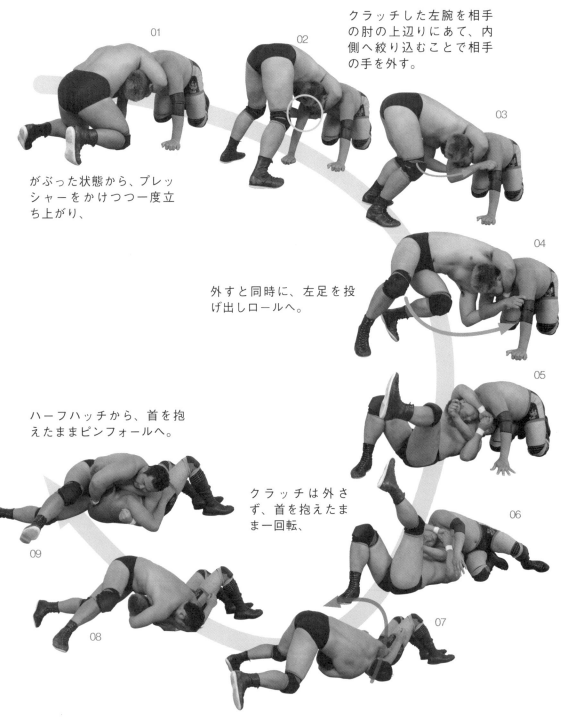

01
がぶった状態から、プレッシャーをかけつつ一度立ち上がり、

02
クラッチした左腕を相手の肘の上辺りにあて、内側へ絞り込むことで相手の手を外す。

03

04
外すと同時に、左足を投げ出しロールへ。

05

06
クラッチは外さず、首を抱えたまま一回転、

07

08

09
ハーフハッチから、首を抱えたままピンフォールへ。

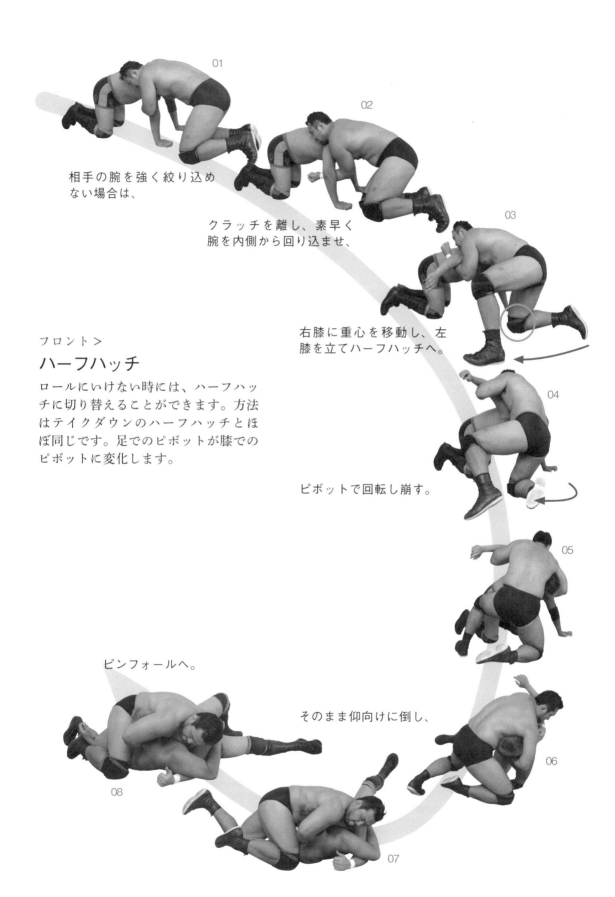

相手の腕を強く絞り込めない場合は、

クラッチを離し、素早く腕を内側から回り込ませ、

右膝に重心を移動し、左膝を立てハーフハッチへ。

フロント＞
ハーフハッチ

ロールにいけない時には、ハーフハッチに切り替えることができます。方法はテイクダウンのハーフハッチとほぼ同じです。足でのピボットが膝でのピボットに変化します。

ピボットで回転し崩す。

そのまま仰向けに倒し、

ピンフォールへ。

フロント >
後転からのピンフォール
相手の守りが堅く、ハーフハッチができない場合は、後転に切り替えて投げを狙ってもよいでしょう。

ピンフォールへ。

左足で右足をまたぐようにして相手に覆い被さり、

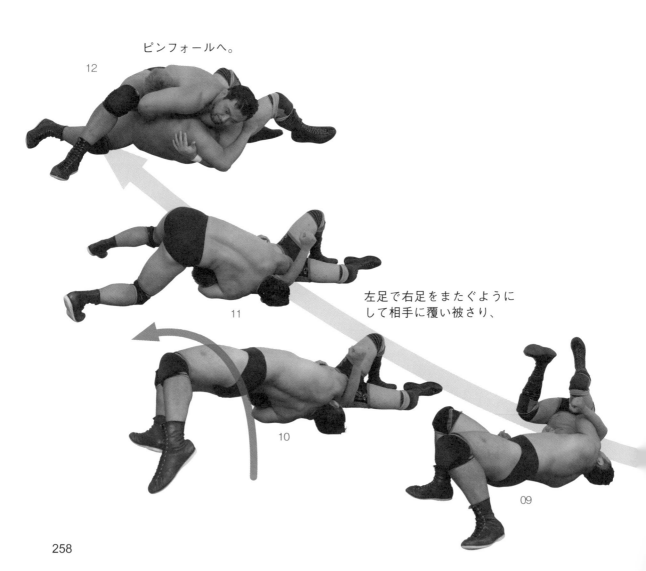

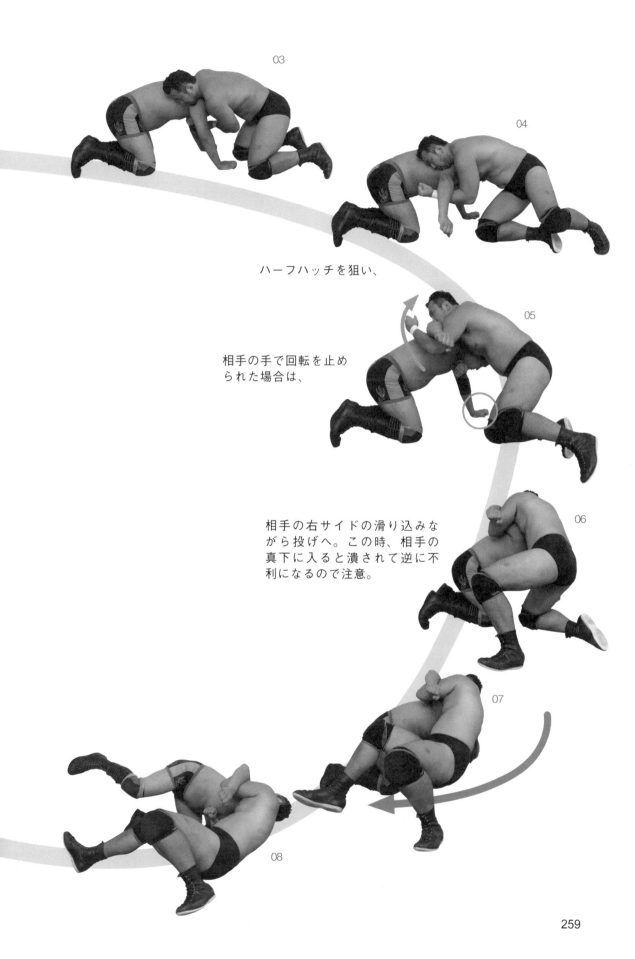

ハーフハッチを狙い、

相手の手で回転を止められた場合は、

相手の右サイドの滑り込みながら投げへ。この時、相手の真下に入ると潰されて逆に不利になるので注意。

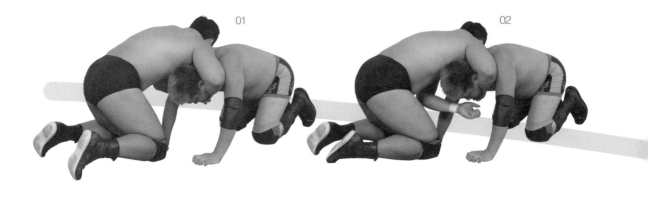

フロント＞
ハーフハッチの変化からのピンフォール

ハーフハッチで倒そうとした時に、相手が手を突っ張り体を支えて抵抗することがあります。その際は、抵抗する手を引き込むことでピンフォールを狙えます。

ピンフォールへ。

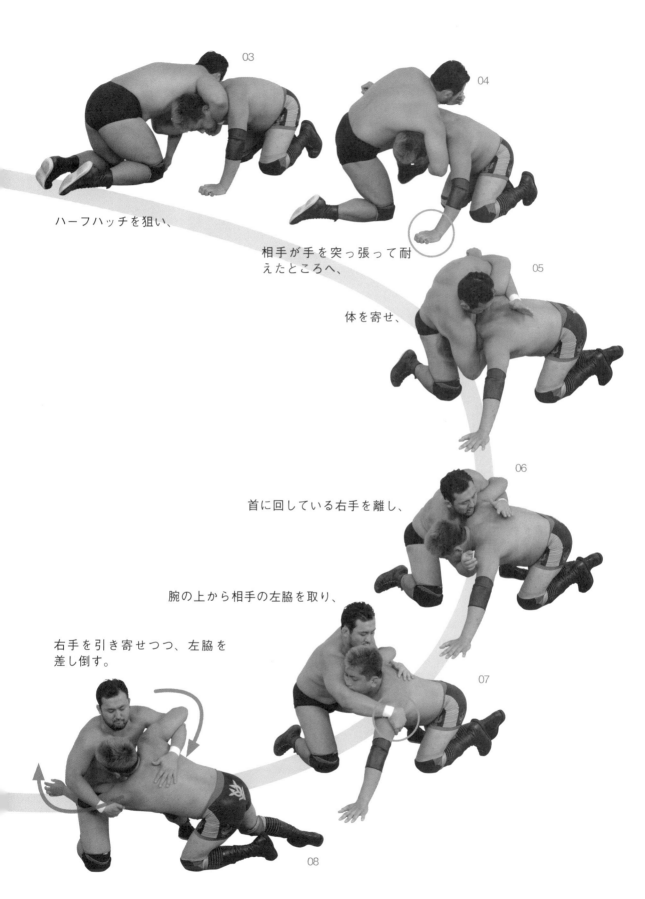

クラッチを解いて、相手の右肘を固定。

フロント＞
クロスフェイス
相手のディフェンスポジションが強く崩すのが難しい場合は、クロスフェイスを仕掛けます。これが極まらなくても相手のリアクションを引き出すことができます。

相手の顔を擦るようにひねりながら、自分の右手首をクラッチ。

左足を立て、右膝で小さくピボット。これにより全身の力が相手の首に伝わる。

クロスフェイスへ。

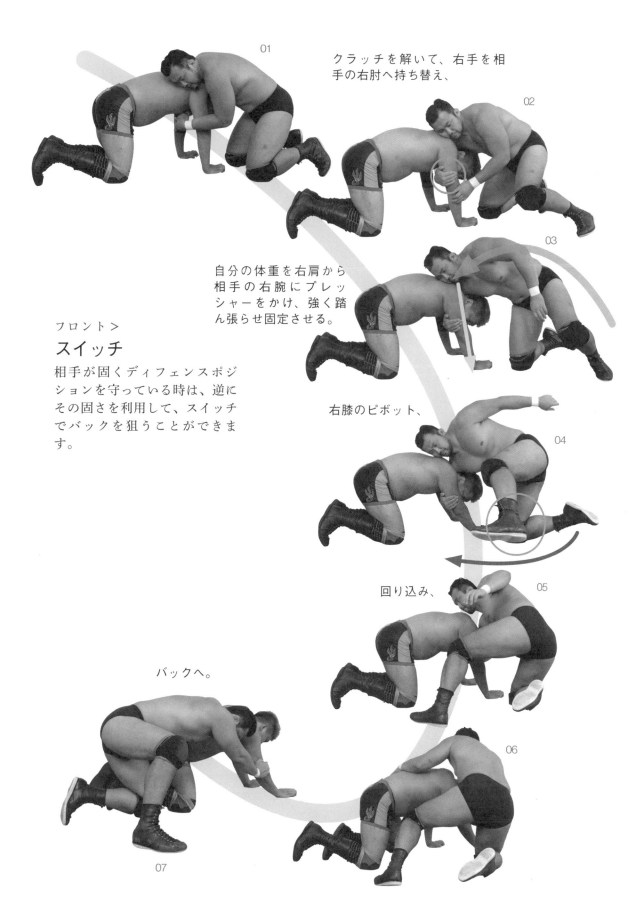

フロント>
スイッチ
相手が固くディフェンスポジションを守っている時は、逆にその固さを利用して、スイッチでバックを狙うことができます。

01

02 クラッチを解いて、右手を相手の右肘へ持ち替え、

03 自分の体重を右肩から相手の右腕にプレッシャーをかけ、強く踏ん張らせ固定させる。

04 右膝のピボット、

05 回り込み、

06

07 バックへ。

ピンフォール各種

　CACCではなんらかのゴールを目指して攻撃を仕掛けることはありません。相手のリアクションに対応していった結果、何らかのピンフォールもしくはサブミッションフォールに到達していきます。ここではピンフォールやサブミッションフォールの形を幾つか紹介しますが、これらを目指して試合を組み立てる訳ではないことを念頭に置いて頂ければと思います。

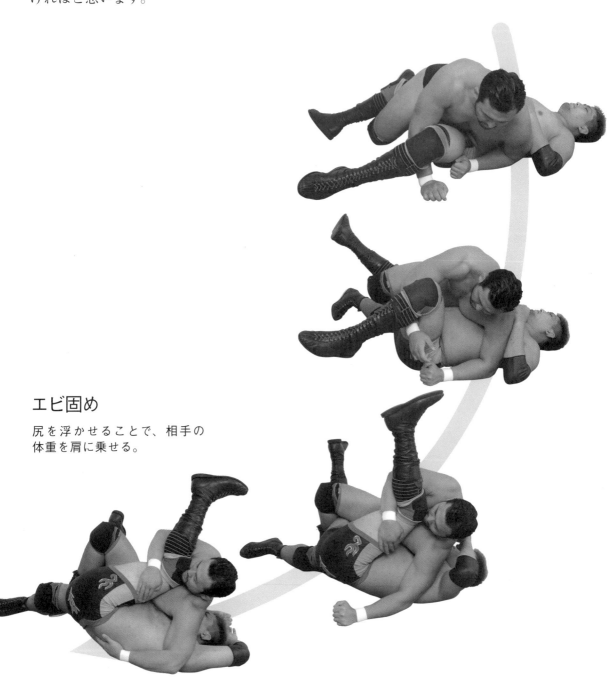

エビ固め
尻を浮かせることで、相手の体重を肩に乗せる。

上四方固め

「一つの押さえ方に固執するな」

ビル・ロビンソン

袈裟固め

後ろ袈裟固め

第4章
スープレックス

- スープレックスのポイント
- ボディースラム
- フロントスープレックス
- サイドスープレックス
- ジャーマンスープレックス
- バックドロップ
- ワンハンドバックブリーカー
- ダブルアームスープレックス

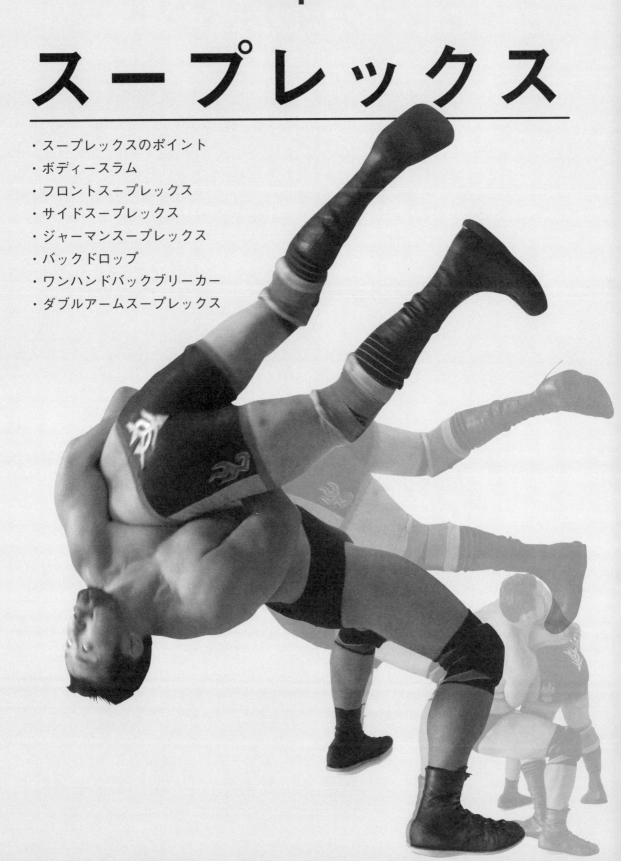

スープレックスのポイント

　ダブルアームスープレックスなどスープレックス系の投げ技は、本来、ランカシャースタイル直系のCACCの技ではありません。イントロダクション（P.13）に解説されている通り、ロビンソンがギディオン・ギダ達から学び、活用していたものです。そのため純粋なCACCの技術を伝えるという趣旨からはいくらか逸脱しますが、ロビンソンの知恵を伝えるという意味であえてここで紹介いたします。

スープレックスの原理

　相手を担ぎ上げて投げているように見えるため、スープレックスにはかなりの筋力が必要なように思われています。しかし実際はそれほど筋力を使っているわけではありません。例えばジャーマンスープレックスで言えば、相手のバランスを崩し、自分の身体に寄りかかってきた勢いを使って自分の胸に乗せ、そのままブリッジするイメージです。すると相手はブリッジした自分の上を滑り落ちていくため、自分の筋力は最小限で済ませることができます。相手が離れない程度のクラッチは必要ですが、労力としては一人でブリッジするのとそれほど変わりありません。ぴったり密着することで、自分の力が相手に効率良く伝わるようになるのです。私の場合は、他のスープレックスも全て同じような原理でやっています。大切なのはパワーよりも、タイミングとコントロール性だと思います。私がロビンソンに教わった時も、一般会員や子どもなどそれほど重くない人を投げて練習しました。こうした人たちを怪我させる訳にはいかないので、投げ切るところまでしっかりコントロールしなくてはいけません。そのお陰で技の精度が向上し、力に頼らなくても投げられる今のスープレックスが出来上がったのだと思います。ただ私はもともとブリッジが得意で、スープレックスが比較的やりやすいのも幸運でした。ロビンソンも私の特性を見極めたうえでスープレックスを教えた

のでしょう。長く学んでいる人でも身体が固くてブリッジが苦手な人には別の技を優先し、わざわざスープレックスを教えるようなことはありませんでした。

体を傾けて重心を預けさせてから投げる

　スープレックスは力づくで投げるのではありません。私は体を後ろへ傾けることにより、相手の重心を自分に預けさせた上でブリッジすることで投げています。そのためには腕力ではなく傾かせることがポイントで、背筋力だけで持ち上げようとすると大変で、相手も抵抗しやすいのですが、体全体で傾くと、相手は石に躓いたようにバランスを崩し、自然にこちらへ重心を預けてきます。その時に、しっかり引きつけ、体に密着させた上で、膝は前に出さずお腹で跳ね上げて投げます。ロビンソンは、「人間の体のなかで胴体の力が一番強い、そこに相手を相手を乗せて跳ね上げれば、余計な力を使わず投げることができる」と話していました。

膝を前に出さず、上体を後ろに傾けることで、相手の重心を自分に乗せ投げる。この僅かな動きが大事。

ボディースラム

ダックアンダー（P.71）からバックにいこうとして抵抗された時にも、このボディスラムに切り替えることができます。先輩のレスラーからプロレスの技としてボディースラムを習った時、その体勢への入り方がロビンソンから習ったダックアンダーそのものだったことに驚いたことがありました。

持ち上げる要領は、スクワットと同じ。

腰は低く、相手を引き寄せる速さと、左足を踏み込ませる速さは同じ。

フロントスープレックス

ロビンソンから投げ技を教わる中で驚いたのは、持ち上げ方が違うだけで、基本的には全て同じ理屈で投げていることです。腕力で投げるのではなく、体の傾きに相手を付いてこさせて投げています。

ここから視線は床で投げきる。投げたらすぐにピンへ。

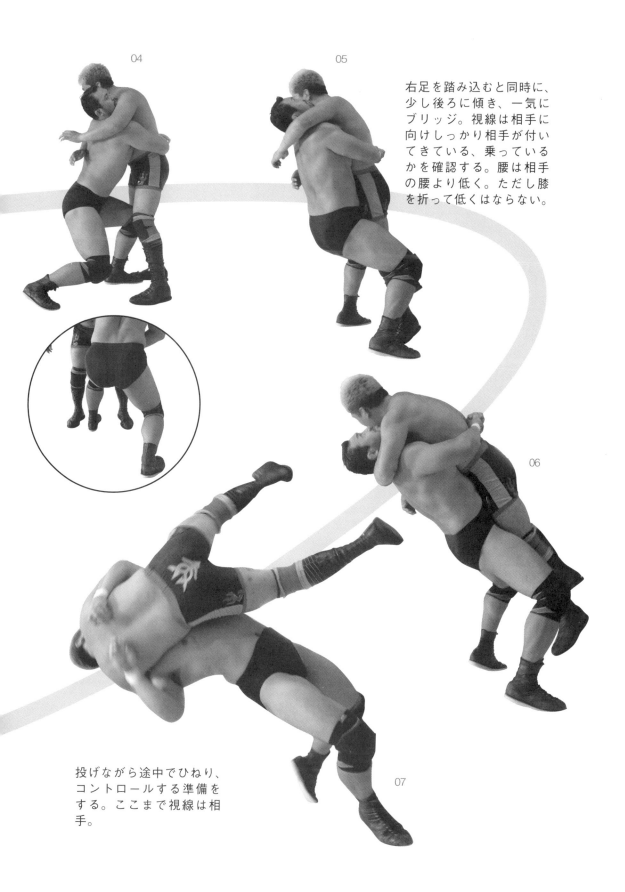

右足を踏み込むと同時に、少し後ろに傾き、一気にブリッジ。視線は相手に向けしっかり相手が付いてきている、乗っているかを確認する。腰は相手の腰より低く。ただし膝を折って低くはならない。

投げながら途中でひねり、コントロールする準備をする。ここまで視線は相手。

左手を相手の腰骨のあたりに深く巻きつける。

サイドスープレックス

ロングアームスイッチの要領でしっかり相手の
サイドに回り込み投げます。

べた足から爪先立ちに替える
ことで、相手を押し込み、自
分も動きやすくする。

腰で相手の太腿を跳ね上げる。

「相手の体の真ん中を
折る様にして固定して投げろ」
ビル・ロビンソン

ギリギリまでブリッジし、床が見えたら、体を捻り上を取る。

ジャーマンスープレックス

ここでは相手がディフェンスポジションから立ち上がる勢いを利用して投げていますが、基本的にはダックアンダー等でバックに回っても同じです。また細かくべた足↔爪先立ちを切り替えることも大事です。

べた足に戻し、安定させ、

最後に爪先立ちで、相手を押し込みピンフォールへ。

クラッチをキープしたまま後ろへ傾く。

相手の背中に胸を押しつけ、

「引き付けを強く、持ち上げず自分が倒れながら反り投げる」
ビル・ロビンソン

投げの途中で爪先立ちになることで、ブリッジの反りを作る。

ここはべた足でしっかり踏ん張り、

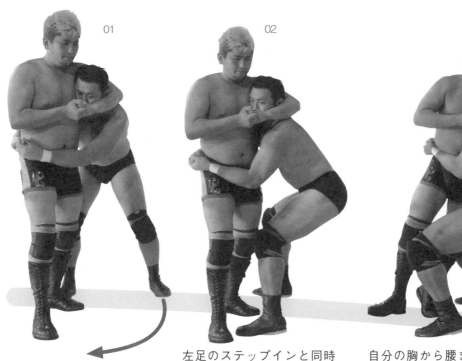

左足のステップインと同時に、自分の股間で跳ね上げる。

自分の胸から腰までを相手の体側に密着させ、後ろへ傾かせる。膝は前に出さない。

バックドロップ

感覚的には相手の体の向きが違うだけで、フロントスープレックスと同じです。

上を取りコントロール。

「相手の体を寄せ
　腰の力で跳ね上げる」
ビル・ロビンソン

相手の軌道を目で確認する。

投げ終わりに上を取りコントロールするために、投げきる時にひねる。

入り方はバックドロップと同じ。

ワンハンドバックブリーカー

相手を後ろから大きくピックアップして、自分の膝に落とすため、練習ができず試合で覚えて使っています。私がリングで使っている技は、全てロビンソンが使っていたもので、この技もロビンソンの得意技でした。

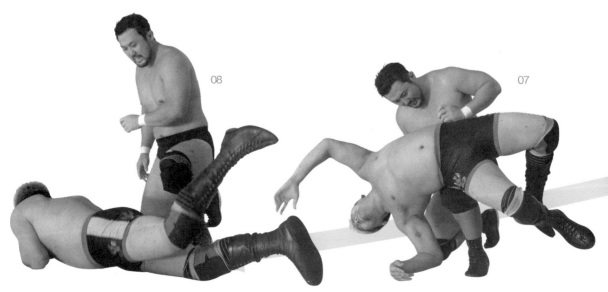

相手が頂点に近いところで、片手に切り替える。

「左膝に垂直に落とせ」
ビル・ロビンソン

自分の膝に叩きつける。そのため膝は一番強い角度である、90度にする。

相手の首を取り、

ダブルアームスープレックス

最後はロビンソンの代名詞とも言えるダブルアームスープレックスです。一見派手に見えますが、大事なことは、この技を構成しているのは基本技の連結だということです。

私が現在試合でよく見せているダブルアームスープレックスは、ロビンソンのそれとは違うように見えるかもしれません。ですがこの基本技の連結（首取り、フロントヘッドロック、ハーフハッチ、ブリッジ）という大原則を守っており、その意味でやはり同じ技なのです。私自身の特徴としては、相手のリアクションに応じて技の形が変わることです。相手を跳ね上げた方がいいのか、ブリッジし切ったほうがいいのかはその瞬間で変えています。

べた足で力を伝え、投げへ。

ハーフハッチで崩そうとして、

相手が堪えたところで、右手を脇から差す。

同時に右足をステップインしながら、少し後ろへ傾く。

「前のめりになった瞬間に反り投げろ」

ビル・ロビンソン

おわりに

　初めてビル・ロビンソンに会った時、"会ったらドロップキックでもしようか"と考えていた自分が近づけない程、ロビンソンには威圧感があった。腰は曲がって杖もついているが物凄い圧力。酒の席でトイレから帰ってきた時に、全身にトイレットペーパーを巻きつけ「ミイラだ！」とみんなを楽しませようとする圧力。それは指導中にしてもらったカラーアンドエルボー、いわゆるロックアップでも発揮され、まさに"審判のロックアップ"の圧力を肌身で感じられた。あれから十数年経ち、自分がそんな圧力を持った超人になれたかは分からないが色々な超人とは闘えた。

　沢山の超人のなかでまず印象的なのがピーター・アーツだ。アーツと試合するのは本当に嫌だった。翌日は膝が曲げられない程に蹴られ、記憶を飛ばされる位に蹴られ、とにかく蹴られまくった。そんなアーツにトーホールドを極めてブレイクされても離さずにいたら後頭部を思い切り殴られたり、アーツの足を持って関節技にいこうとしたら塗り過ぎたオイルで滑って転んだことは良い思い出である。そんなアーツと6回も闘えたことは今になって思うととてつもない経験だと実感する。

　次はジョシュ・バーネット。プロになる前から憧れていた選手で、それは今でもだ。大晦日にした試合が唯一の試合だが、とても良い経験になった。そういえばジョシュで困ることと言えば指導が長いこと。最初はちゃんと指導しているのだが、途中からジョシュが見せたい技の博覧会となり、他の人は困っていた。でもその博覧会を見ると本当にためになった。そしてロビンソンが亡くなったことはジョシュが知らせてくれて、ずっと励ましてくれた。本当に感謝している。

　3人目は藤田和之。藤田さんとは試合で色々と教えてもらった。当時は今ひとつ分からなかったことがフリーになってから本当によく分かる。「鈴木君に技術も体もあるのは分かる。でもそこに魂を入れないと誰も振り向いてくれない。そうやって俺は猪木さんから教わったんだよ。だから次は鈴木君に伝えたかった」この言葉は私にとってプロで生きていくための糧になった。一線を引くようなことを発表していたがとても藤田さんらしい。でも、もしもう一度藤田さんがリングに立つならその相手は私でなくてはならないと思う。

　最後にケンドー・カシン（石澤常光）。ロビンソンからキャッチ アズ キャッチ キャンを教わったが、カシン、いや石澤さんからは受け身、ロープワーク等、色々な選手と

闘う術を教えてもらった。普段は支離滅裂なことしか言っていないが、練習に関してはとても真摯な人である。そしてロビンソンのように明確に質問に答えてくれた。今、自分でやっている練習の多くはロビンソンと石澤さんに教わったものだ。石澤さんのコンディショントレーニングは本当に辛いもので、だけど必ず結果がついてくるのが分かっていたので私も気持ちだけは負けないように「やれます」とフラフラになりながら返事をしていた。そして終わり頃に僕らが倒れて休んでいるのを見て、石澤さんは満足そうな顔をしていたのだが、その目はマスク越しに見える目と同じであった。

　だがしかしプロフェッショナルを教えてくれたのは藤田さん、石澤さんだ。

　何が言いたいかというと自分でもよく分からない。というのは冗談で、私がプロレスラーとして今日こうしていられるのはこういう超人と触れ合えたからである。この出会いと技術が混ざり合って今の鈴木秀樹というプロレスラーになった。

　そしてその礎はビル・ロビンソンである。ロビンソンが教えてくれなければ自分の本を出版することなんて絶対に出来なかったし、そもそもプロレスラーになろうなんて思いもしなかった。的確な指導、確かな技術、絶対的な原則を見せてくれたロビンソンに本当に感謝したい。

　最後に、これまでお世話になった次の方々にも謝意を表します。まず、帯に素晴らしい言葉を寄せて頂いた参議院議員・アントニオ猪木様、ジョシュ・バーネット様、U.W.F. スネークピットジャパン代表・宮戸優光様、井上学様、宇藤純久様、将軍岡本様、大日本プロレス社長・登坂栄児様、松川恒徳様、甘井もとゆき様、小杉明弘様、後藤芳徳様、高木圭介様、日貿出版社・下村敦夫様、カメラマン・糸井康友様、アカデミア・アーザ代表・吉澤昌様、大日本プロレスの皆様、

　そして我が師ビル・ロビンソン……、
　というのは嘘くさいので、

　先生、本当にありがとう。

　　　　　　　2017年　冬　鈴木秀樹

2008年11月　ロビンソン先生にリストロックからの展開を学ぶ筆者。

著者
鈴木秀樹（Hideki Suzuki）

すずき・ひでき／本名同じ。1980 年 2 月 28 日生まれ、北海道北広島市出身。生まれつき右目が見えないというハンディを抱えていたが、小学生時代は柔道を学ぶ。中学時代にテレビで見ていたプロレス中継で武藤敬司に魅了され、プロレスの虜になる。専門学校卒業後、上京。東京・中野北郵便局に勤務。2004 年より U.W.F. スネークビットジャパンに通うようになり、恩師ビル・ロビンソンに出会う。キャッチ アズ キャッチ キャンを学び、2008 年 11 月 24 日、アントニオ猪木率いる IGF 愛知県体育館大会の金原弘光戦でデビュー。2014 年よりフリーに転向。ZERO1 や WRESTLE-1、大日本プロレスなどを中心に活躍。191 センチ、115 キロ。

公式サイト　http://suzuki-hideki.com/

モデル協力●将軍岡本（岡本 将之）、宇藤 純久（大日本プロレスリング所属）
撮影協力●格闘技ジムアカデミア・アーザ水道橋、大日本プロレスリング

本書の内容の一部あるいは全部を無断で複写複製（コピー）することは法律で認められた場合を除き、著作者および出版社の権利の侵害となりますので、その場合は予め小社あて許諾を求めて下さい。

ビル・ロビンソン伝
キャッチ アズ キャッチ キャン入門
●定価はカバーに表示してあります

2017 年 1 月 20 日　初版発行

著　者	鈴木 秀樹
発行者	川内 長成
発行所	株式会社日貿出版社

東京都文京区本郷 5-2-2　〒 113-0033
電話　（03）5805-3303（代表）
FAX　（03）5805-3307
振替　00180-3-18495

印刷　株式会社ワコープラネット
撮影　糸井康友
編集協力　蟹目潤

© 2017 by Hideki Suzuki／Printed in Japan
落丁・乱丁本はお取り替え致します

ISBN978-4-8170-6017-4
http://www.nichibou.co.jp/